EL
PRI
Y SU IDENTIDAD
POLÍTICA

EL PRI
Y SU IDENTIDAD POLÍTICA
La revolución hoy

Enrique Ochoa Reza

ensayos

Las opiniones expresadas
en los textos son responsabilidad de
los autores y no representan
necesariamente la ideología
de la editorial.

El PRI y su identidad política
Enrique Ochoa Reza

Primera edición: Producciones Sin Sentido Común, 2017

D. R. © 2017, Producciones Sin Sentido Común, S. A. de C.V.
 Avenida Revolución número 1181, piso 7,
 colonia Merced Gómez,
 03930, Ciudad de México

Teléfono: 55 54 70 30
e-mail: ventas@panoramaed.com.mx
www.panoramaed.com.mx

Texto © Enrique Ochoa Reza
Fotografía de portada © Wong Salam,
usada para la licencia de Shutterstock.com

ISBN: 978-607-8469-49-9

Impreso en México

Prohibida su reproducción por cualquier medio
mecánico o electrónico sin la autorización escrita
del editor o titular de los derechos.

*A Greta, Sofía María y Enrique,
mi hijo por nacer.*

A la militancia PRI*ista,
siempre fuerte, siempre unida.*

Índice

Presentación _____ 9

El surgimiento del PRI _____ 13

   Por un país de instituciones _____ 13
   El llamado a la organización política _____ 15
   El PRI y los ideales de la Revolución _____ 18
   El PRI como impulsor de la democracia _____ 20

Los documentos básicos que han regido al PRI _____ 27

   Partido Nacional Revolucionario (1929):
   Instituciones y reforma social _____ 28
   Partido de la Revolución Mexicana (1938):
   Por una democracia de los trabajadores _____ 31
   Partido Revolucionario Institucional (1946):
   Democracia y justicia social _____ 34

La identidad política del PRI _____ 40

   La ideología del PRI _____ 40
   La Declaración de Principios _____ 54
   El México por el que hoy trabaja el PRI _____ 72

El lenguaje de los hechos _____ 80

    Logros del PRI en el siglo XX _____ 80
    Logros del PRI en el siglo XXI _____ 83
    El Pacto por México _____ 85
    Las reformas estructurales _____ 87
    El PRI de hoy: la 22ª Asamblea Nacional _____ 98

En síntesis _____ 104

Fuentes de consulta _____ 108

Lecturas complementarias _____ 110

Páginas web de instituciones _____ 115

Sobre el autor _____ 117

Presentación

Este libro perfila la identidad del partido más importante de México. La forma en la que el Partido Revolucionario Institucional (PRI) ha servido al país durante sus 88 años de vida y los principios que han guiado su historia.

El PRI de hoy es un partido que responde a las necesidades del México actual, pero preserva los principios y los valores sociales, económicos y políticos que lo inspiraron desde su fundación.

En el primer capítulo se describe el contexto en donde surge el PRI: un país en turbulencia posrevolucionaria, con un clima cargado de violencia provocada por una feroz lucha por el poder. Un México sin estabilidad política.

En medio del enfrentamiento que persistía entre los caudillos sobrevivientes a la Revolución mexicana, surge el PRI, con la visión histórica de Plutarco Elías Calles. El propósito de Calles era transitar de un país sumergido en un remolino de incertidumbre política y social, a uno que encontrara tierra firme, con instituciones perdurables que aseguraran el desarrollo pacífico del país.

En efecto, el PRI puso fin a ese México convulso. A partir de su creación, nuestro país se convirtió en uno de los pocos en la región latinoamericana exento de guerras civiles y golpes de Estado. Así, México pudo desdoblarse como un país de libertades y en creciente desarrollo.

En el capítulo segundo se analizará la formación del PRI en sus tres etapas: primero, como Partido Nacional Revolucionario (PNR); segundo, como el Partido de la Revolución Mexicana (PRM) y, tercero, bajo su denominación actual: Partido Revolucionario Institucional (PRI).

La gestación de cada una de esas fases nos enseña los principios que inspiraron al partido. Fueron tres episodios trascendentales para transitar de un México sin orden institucional, mayoritariamente rural y con altos niveles de analfabetismo, a una sociedad moderna, democrática y participativa.

Desde su origen, el Partido Revolucionario Institucional abanderó abierta y decididamente los intereses de los obreros, los campesinos, los profesionistas, las mujeres y los jóvenes de México, como lo sigue haciendo hasta hoy. Estos ejes cruzan de manera transversal la historia del PRI y su visión de país.

El capítulo tercero retrata la identidad política del Partido Revolucionario Institucional. Somos un partido socialdemócrata, guiado por los principios revolucionarios de libertad, democracia, justicia social y soberanía. El PRI es un partido incluyente; el único capaz de representar a todos los sectores de la sociedad mexicana y que, por ello, tiene presencia y fuerza electoral en toda la república.

El PRI es un partido que cree en las instituciones y predica con ese ejemplo en su vida interna. Tiene una estructura bien diseñada que reúne a un amplio conjunto de organismos que encuentran en el partido un lugar donde coinciden sus ideas políticas, se encauzan sus aspiraciones y se trabaja para construir un mejor país.

Es un partido que escucha a la ciudadanía y que toma en cuenta sus ideas. Se describe en este apartado el contenido de la Agenda México 2030 que ha formulado el partido a partir de los rezagos más importantes que nos han sido transmitidos por ciudadanos de todas las entidades del país.

En el capítulo cuarto se hará una revisión al trabajo que el partido realizó durante el siglo xx y a la revolución institucional que se ha dado durante el gobierno priista del siglo xxi a través de las reformas estructurales impulsadas por el Presidente Enrique Peña Nieto. Se analizarán los beneficios concretos que cada una de ellas ha dado a las mexicanas y mexicanos.

Se verá también la reestructura y modernización del partido, las últimas modificaciones a sus documentos básicos y su visión hacia el futuro en la 22ª Asamblea Nacional, realizada en agosto de 2017. Los priistas actualizamos nuestro ideario socialdemócrata, nos colocamos como el partido más avanzado en combate a la corrupción y a la impunidad, y rompimos los candados para abrirnos más a la ciudadanía.

En suma: el PRI logró el propósito de darle estabilidad política y social al país. El Partido Revolucionario Institucional ha contribuido de manera decisiva a la modernización económica y al desarrollo democrático de México. Sin él, sería imposible explicar el devenir histórico y el progreso de nuestro país en las últimas nueve décadas.

El PRI ha sabido adaptarse a los tiempos e ir cambiando en función de ellos, pero sus principios originales siguen siendo su esencia como organización de ciudadanos. El ideario original, actualizado a nuestros tiempos, es la carta de navegación que guía al PRI de nuestros días y que le permite ser el partido más incluyente, más unido y más competitivo de México.

Ningún partido en el gobierno está exento de errores o de asignaturas pendientes; decir lo contrario sería una falsedad. Pero también lo sería negar los aciertos y los logros del PRI en favor de México. Por ello, a partir de una reflexión crítica y autocrítica, presentamos una visión propositiva para alcanzar el siguiente nivel de desarrollo nacional. El camino correcto es tomar en cuenta todas las opiniones. Escuchar las voces inconformes, audaces y exigentes para evolucionar de las palabras a los hechos.

Con toda esa experiencia, el Partido Revolucionario Institucional está listo para competir y para ganar en democracia. Somos el partido de las grandes transformaciones que vive México bajo el liderazgo de Enrique Peña Nieto. Estamos unidos bajo el propósito de que a México le vaya mejor.

Este libro está dirigido a nuestros militantes, simpatizantes y a los ciudadanos en general. Esperamos que a través de estas páginas conozcan directamente al PRI, a través de sus ideas y de sus obras, y que se sumen informadamente al esfuerzo colectivo.

La marcha histórica del PRI sigue, con fundamento en nuestras convicciones ideológicas y defendiendo nuestras causas históricas, pero a partir de nuevas propuestas y con renovadas reglas internas, para enfrentar juntos los retos por venir.

El surgimiento del PRI

Por un país de instituciones

Desde su origen como nación independiente, en 1821, México enfrentó el difícil reto de encontrar los cauces institucionales para transmitir pacíficamente el poder político. A lo largo de las primeras décadas de independencia tuvimos un México inestable y turbulento. Basta con decir que entre 1821 y 1876 hubo 62 sucesiones en el poder. Tan sólo Antonio López de Santa Anna ocupó la presidencia 11 veces.

Esa inestabilidad fue sustituida con otro mal: una dictadura de 30 años a cargo del general Porfirio Díaz, con un crecimiento económico profundamente inequitativo y una democracia clausurada. Este autoritarismo desembocó en el movimiento anti reeleccionista de Francisco I. Madero y en una lucha revolucionaria que marcó a México para siempre.

Al concluir la Revolución mexicana se redactó un nuevo texto constitucional que recogió con acierto los mejores ideales revolucionarios. El problema fue que, si bien la Constitución definió las bases para una república democrática, en los años siguientes los caudillos revolucionarios seguían resolviendo sus diferencias por la vía armada y no por la fuerza de los votos libres. En un contexto como ése no dábamos paso aún a la nueva institucionalidad que había anhelado el Congreso Constituyente de 1917.

Ya teníamos Constitución, pero el verdadero reto era ponerla en práctica. En las elecciones de 1920, 1924 y 1928 hubo fracturas políticas y conflictos postelectorales. Hacía falta civilizar los asuntos electorales y crear una institución que organizara y encauzara la participación de todos los líderes revolucionarios; era preciso reglamentar efectivamente los procesos de selección de candidatos a puestos de elección popular.

El punto más delicado se presentó en enero de 1927, cuando se modificó la Constitución para permitir una reelección presidencial no inmediata. Esto traicionaba uno de los principios esenciales de la Revolución, el lema maderista: Sufragio efectivo, no reelección.

Álvaro Obregón, quien ya había gobernado México entre 1920 y 1924, lanzó su candidatura para reelegirse como Presidente de la República. Sin embargo, tras resultar electo para desempeñar un segundo periodo presidencial, fue asesinado en la Ciudad de México el 17 de julio de 1928.

Ante la falta de presidente electo, el sistema político posrevolucionario enfrentaba una nueva convulsión. Se extendía el temor de que el asesinato de Obregón avivara la lucha violenta por el poder y provocara una ruptura total del orden constitucional.

El llamado a la organización política

El entonces Presidente de la República, el general Plutarco Elías Calles, quien estaba próximo a concluir su mandato (1924-1928), lideró una transformación crucial en la historia política de México. Calles reconoció la necesidad de "orientar definitivamente la política del país por rumbos de una verdadera vida institucional, procurando pasar, de una vez por todas, de la condición histórica de país de un hombre a la nación de instituciones y de leyes".[1]

El asesinato del presidente electo hizo comprender a Plutarco Elías Calles que el contexto político social posrevolucionario debía institucionalizarse de manera impostergable. México no podía seguir debatiéndose entre las balas de los caudillos revolucionarios. Calles –Presidente en funciones– creyó en la conformación de un partido político nacional que encauzara la aspiración política de las diferentes fuerzas existentes y resolviera la inestabilidad del país. Se trataba de institucionalizar la vida política nacional mediante mecanismos constitucionales que operaran de manera efectiva para el bien de la nación mexicana.

El objetivo fue crear una fuerza política plural e incluyente, en la que todos los sectores, tanto públicos como privados, estuvieran representados. Calles pretendía que México entrara en una etapa completamente nueva, en la que las instituciones legales y democráticas fueran el soporte y guía de los ideales revolucionarios.

---

[1] Antonio Riva Palacio, "El partido de la revolución mexicana. Crónica fundacional", en *Confluencia XXI*, México, núm. 18, septiembre de 2012, p. 12.

Para el primero de diciembre de 1928 se convocó al Primer Comité Organizador del Partido Nacional Revolucionario (PNR), el cual tuvo como Presidente al propio Calles y como secretario general al ingeniero Luis L. León. La tarea del Primer Comité fue emitir un Manifiesto a la Nación. Este documento dio a conocer la realización de la Primera Convención Nacional del Partido, la cual se llevó a cabo del 1º al 4 de marzo de 1929, en la ciudad de Querétaro.

A esta Convención fueron invitados todos los partidos, agrupaciones y organizaciones políticas de origen o tendencia revolucionaria, con el fin de unirse y redactar los estatutos del partido. También se discutiría la designación del candidato a Presidente de la República una vez que concluyera el periodo para el cual había sido electo el general Álvaro Obregón; posición que en ese momento ocupaba Emilio Portes Gil, nombrado presidente provisional el 28 de septiembre de 1928.

Durante la Convención se eligió la mesa directiva de la convención constitutiva y se discutieron y aprobaron la declaración de principios, los estatutos, el programa de acción y el pacto de unión y solidaridad del partido. Para el 4 de marzo de 1929, se declaró formalmente constituido el PNR bajo el lema: *Instituciones y reforma social*.

El distintivo del partido sería un círculo cruzado por tres bandas verticales de color verde, blanco y rojo, como símbolo de su carácter nacional. Ese emblema, con ligeros ajustes y con los posteriores cambios de denominación, perdura hasta el día de hoy.

1929

1938

1946

El PNR tuvo una doble estructura: la territorial, formada por los comités municipales, estatales y territoriales que aceptaron los estatutos del PNR, y otra constituida por un Comité Directivo Nacional. Una tercera estructura se estableció de manera indirecta; estaba formada por los diferentes partidos municipales, regionales, estatales y nacionales.

En su inicio, el PNR reunió a distintos frentes revolucionarios agrupados en más de 300 partidos y movimientos de 28 entidades federativas, los cuales aceptaron los estatutos del PNR, aunque conservaron su autonomía. Para 1933, comenzó un proceso para consolidar la unificación de esas fuerzas políticas.

Así, el PNR representó el primer intento de formar un partido político de carácter nacional. Su propósito fundamental era que lo legislado en el proceso Constituyente de 1917 pasara de la letra a la práctica mediante un gobierno legítimo que hiciera realidad los principios revolucionarios.

En suma, el Partido Nacional Revolucionario logró establecer las bases para la institucionalización del país bajo la estrategia de sumar a todos los sectores que compartieran sus principios y su programa. El propósito era el de competir por el poder de manera civilizada y contribuir al desarrollo de la nación.

Como lo dijo Luis Donaldo Colosio: "El PRI evitó que México cayese en el círculo vicioso de tantos países hermanos de Latinoamérica, que perdieron décadas entre la anarquía y la dictadura".[2] En efecto, se previno que el país regresara a

---

[2] Luis Donaldo Colosio, "Celebración del LXV aniversario del Partido Revolucionario Institucional frente al Monumento a la Revolución", en *Luis Donaldo Colosio, Discursos* [en línea], 6 de marzo de 1994, disponible en: <http://www.bibliotecas.tv/colosio/discursos/candidato06mar94.htm> (consulta: 26 de octubre de 2017).

una cruenta lucha interna y en su lugar dio espacio a que los gobiernos se concentraron en apoyar las causas en materia de tenencia de la tierra, trabajo, educación y salud.

El PRI y los ideales de la Revolución

La primera expresión histórica del PRI, el PNR, abanderó los principios revolucionarios que ya habían sido recogidos en la Constitución de 1917. Como se dijo antes, a pesar de que México tenía más de un siglo de ser una nación independiente, no había logrado la estabilidad que permitiera tener las condiciones necesarias para progresar como país.

La creación del PRI propició que el sistema político conjuntara las demandas obreras y agrarias, lo que mantenía la integridad de la esfera política. El naciente partido reconocía a las clases trabajadora y campesina como sectores prioritarios para el avance de la sociedad mexicana. Se comprometía a luchar por la protección de los indígenas, la soberanía nacional, la reconstrucción nacional, el combate a la pobreza y el interés colectivo por encima del interés individual. Fue expreso el apoyo a la promoción de la pequeña industria; la organización de los pequeños industriales; la distribución de la tierra; el fomento de la industrialización de los productos agrícolas y la asesoría técnica al campo. Todo ello se detalló en los documentos básicos del PNR, como veremos más adelante.

El camino hacia la plena institucionalización del país no fue del todo terso. El periodo comprendido entre 1928 y 1934, conocido como Maximato, se caracterizó por la influencia que el llamado Jefe Máximo de la Revolución, Plutarco

Elías Calles, tuvo sobre los Presidentes Emilio Portes Gil (1928 a 1930), Pascual Ortiz Rubio (1930 a 1932) y Abelardo L. Rodríguez (1932 a 1934). Esta etapa concluyó con la salida de Calles del país dictada por parte del gobierno del entonces Presidente de la República, Lázaro Cárdenas, en 1936. Este episodio consolidó el respeto a la institucionalidad democrática en México: nadie podía mandar al margen de la Constitución.

¿Cuáles fueron los resultados del cambio? Durante los años que el PRI ha ocupado la presidencia de México, el país se transformó, no sólo en materia de democracia electoral, sino también para consolidar la ruta encaminada hacia el avance económico y social.

Entre otros de sus logros, el Partido Revolucionario Institucional constituyó por vez primera un sistema nacional de seguridad social en todo el país; en 1943 se creó el Instituto Mexicano del Seguro Social (IMSS), en 1959, el Instituto de Seguridad y Servicios Sociales de los Trabajadores del Estado (ISSSTE) y en 1976 el sistema de seguridad social de las fuerzas armadas (ISSFAM). Todo ello con un decidido apoyo a médicos y enfermeras.

Los gobiernos del PRI lograron constituir una amplia infraestructura de educación pública, con la cual se redujo dramáticamente el analfabetismo y se abrieron oportunidades de educación incluyente para las niñas y los niños mexicanos, en pleno reconocimiento a las maestras y maestros del país. Además, fue el responsable de comunicar al país y de llevar energía eléctrica a prácticamente toda la población.

El PRI ha impulsado el comercio internacional y la construcción de un servicio diplomático que le ha dado prestigio a nuestra nación en todo el mundo. A través de instituciones sólidas, los gobiernos del PRI dieron resultados económicos, conocidos a nivel mundial como el *milagro mexicano*.

En su recorrido, el Partido Revolucionario Institucional ha sido fiel a sus ideales. Las acciones y las obras de gobierno llevadas a cabo por los gobiernos priistas han materializado los principios esenciales de la Revolución mexicana, y lo siguen haciendo. Al mismo tiempo, el PRI está convencido de que los cambios sólo pueden darse con total respeto a las leyes y a los votos. Por eso el partido es revolucionario e institucional a la vez.

El PRI como impulsor de la democracia

El PRI nació como una fuerza política de extraordinaria potencia: a la convocatoria que hizo Plutarco Elías Calles respondió un amplio número de partidos y organizaciones políticas que se unificaron en torno a un nuevo proyecto. El partido reunía prácticamente a todos los sectores de la sociedad. Por esta razón, en los años que siguieron a su fundación, solía ser el partido prácticamente único en la contienda electoral. La competencia democrática se daba, en gran medida, dentro del propio PRI.

La evolución a una sociedad libre y democrática alienta la pluralidad política y estimula el ejercicio de libertades y derechos. Así, la oposición fue ganando espacios de manera gradual en el país. En 1946 triunfó un partido distinto (el Partido Acción Nacional) en una alcaldía de Michoacán y en cuatro diputaciones federales. Lejos de desconocer los resultados adversos, como lo hacen otros partidos o candidatos, el Revolucionario Institucional respeta la voluntad de los votantes expresada en las urnas, le sea ésta favorable o no.

Aquí van otros ejemplos dignos del reconocimiento de la pluralidad electoral: en 1958, el PRI reconoció la victoria de una coalición opositora en una capital estatal: San Luis Potosí. Reconoció el triunfo de otro partido al ganar una senaduría en 1976. En 1989 reconoció su derrota en la elección de gobernador de Baja California. En la década de los noventa, la oposición fue ganando más municipios y gubernaturas; y para 1997, el PRI perdió la mayoría absoluta en la Cámara de Diputados. En los años 2000 y 2006 reconoció su derrota en las elecciones presidenciales con plena lealtad institucional y convicción democrática.

De igual forma, competimos para ganar y acudimos a las instituciones electorales para defender el voto mayoritario que nos favorece. El PRI cree en las instituciones como instrumento para la transmisión pacífica del poder político. Para eso fue fundado. Es así que a lo largo de su historia ha defendido el respeto al voto ciudadano, sea cual sea su sentido.

El compromiso democrático del PRI se ha mostrado también, desde 1929, como un permanente impulsor de los derechos políticos de las mujeres y de su plena participación política en la vida nacional. Una reforma histórica fue impulsada por el gobierno priista de Adolfo Ruiz Cortines en 1953: se modificó la Constitución para permitir el voto femenino en México. Fue una primera reforma electoral de extraordinaria importancia y a partir de la cual ha sido creciente la presencia de las mujeres en los cargos públicos del país.

En 1963, una segunda reforma electoral fue también promovida por el PRI. Hasta entonces, el sistema electoral mexicano había sido de mayoría relativa, es decir, no existían las diputaciones de representación proporcional (plurinominales). Este sistema dejaba sin representación a los partidos que, a pesar de haber logrado un porcentaje considerable de votos en las elecciones, no conseguían ganar espacios por mayoría relativa. En palabras de Samuel Palma, se trataba de un método que producía ganadores absolutos y, por consecuencia, perdedores absolutos.[3]

La dinámica democrática había dado lugar a una competencia electoral cada vez más vigorosa. Por esa razón, el PRI impulsó una nueva forma de integrar los órganos legislativos. El propósito era que las distintas fuerzas políticas tuvieran acceso a la representación que les correspondía, reconociendo en un sistema mixto su respectiva proporción de votos.

Así, en 1964 aparecieron los llamados diputados de partido. Las fuerzas políticas que no hubiesen alcanzado 20 triunfos por el sistema mayoritario, y que cuando menos obtuvieran 2.5% de la votación total, tenían derecho al nuevo tipo de representación: cinco diputados por 2.5% de la votación y por cada 0.5% adicional se tenía derecho a un diputado más, hasta alcanzar un máximo de 20.

La Cámara de Diputados se integró por 210 legisladores; de ellos, 178 fueron por el sistema de mayoría relativa y 32 diputados de partido. En la siguiente legislatura que se instaló, en 1967, el número de diputados de partido se elevó a 34, y así, hasta llegar a 41 en 1976.

En 1977, bajo la batuta de don Jesús Reyes Heroles (el entonces secretario de Gobernación y quien había sido presidente nacional del PRI), se ampliaron una vez más las

---

[3] Samuel Palma, "De la hegemonía a la competencia", en *Examen*, núm. 1, México, febrero de 2013, p. 14.

prerrogativas de los partidos políticos con una nueva legislación electoral adecuada a su época. En esa histórica reforma se reconoció a todos los partidos como entidades de interés público. Se dispuso que recibirían financiamiento público, tendrían exenciones fiscales y franquicias postales y telegráficas.

Para favorecer la pluralidad política, se modificó la integración de la Cámara de Diputados. Ésta amplió su tamaño a 400 miembros: 300 electos por el principio de mayoría relativa (uninominales) y 100 electos por el principio de representación proporcional (plurinominales).

De hecho, 1977 marcó el inicio de una serie de reformas electorales integrales que produjeron mejores normas para la regulación de las elecciones. De forma gradual y acumulativa, estos cambios generaron mayor equidad, una mejor organización de las elecciones y un sistema de resolución judicial de las impugnaciones políticas.

Una siguiente etapa del desarrollo democrático de México corre de 1986 a 1996. En este periodo, el PRI impulsó modificaciones y ajustes orientados, una vez más, a ampliar la representación plural de la política nacional y mejorar las condiciones de equidad en la competencia electoral. En 1986 se elevó otra vez la proporción de diputados plurinominales en la Cámara de Diputados: de 25% de diputados electos por ese principio (100 de 400) se incrementó a 40% (200 de 500), lo cual se mantiene hasta la fecha.

Tras la controvertida elección nacional de 1988, la cual tuvo serios cuestionamientos por la llamada caída del sistema, el PRI encabezó nuevamente un esfuerzo conjunto con las demás fuerzas políticas para mejorar la legislación electoral. Las reformas de los años noventa dieron lugar a la creación del Instituto Federal Electoral (IFE), a la entrada de los partidos políticos en los tiempos de los medios electrónicos de comunicación y a un sólido sistema de medios de impugnación, entre otros aspectos relevantes.

En 1996 el PRI impulsó una reforma de enorme relevancia en el avance del sistema democrático mexicano. Se crearon por primera vez en el Senado escaños de tipo plurinominal: 25% del total (32 de 128), electos mediante una lista nacional. Se constituyó el Tribunal Electoral del Poder Judicial de la Federación y se le otorgó autonomía constitucional al IFE, que adquirió facultades más amplias para fiscalizar a los partidos políticos. Esta reforma también permitió que por primera vez fuera electo el titular del gobierno del Distrito Federal.

Ya en el siglo XXI, el PRI ha continuado como actor central de las reformas electorales. En 2007, como un partido de oposición, impulsó la reforma que tendía a reforzar la equidad en la competencia política, especialmente en cuanto al acceso de los partidos a los medios electrónicos de comunicación a través de tiempos oficiales, y a robustecer el sistema de fiscalización.

La reforma más reciente, llevada a cabo en 2014, estuvo inspirada por los acuerdos alcanzados en el Pacto por México, el cual fue suscrito por las principales fuerzas políticas a iniciativa del Presidente Enrique Peña Nieto en 2012. Entre otras cosas, la legislación estableció por vez primera la paridad de género (50% de mujeres y 50% de hombres) en la postulación de candidaturas. También se abrieron importantes canales de participación ciudadana en la política, como las candidaturas independientes, la consulta popular y la iniciativa ciudadana.

En conclusión, podemos enlistar algunos de los cambios más significativos que el PRI ha impulsado a lo largo del tiempo en materia de participación democrática:

- Respeto al principio revolucionario de no reelección.
- Voto de las mujeres.
- Diputados de partido para ampliar la representación de otras fuerzas políticas.
- Autonomía de las autoridades electorales.
- Sistema electoral con mecanismos de seguridad para evitar el fraude.
- Sistema de medios de impugnación electoral.
- Fiscalización de los recursos de partidos y candidaturas.
- Senadores y diputados federales y locales plurinominales.
- Paridad entre mujeres y hombres en la postulación de candidaturas.
- Iniciativa ciudadana.
- Candidaturas independientes.
- Consulta popular.
- Gobiernos de coalición.
- Una de cada tres candidaturas para los jóvenes en el PRI.

Acorde con los nuevos tiempos, hoy el PRI es el partido político que tiene la propuesta más avanzada para responder a las actuales demandas ciudadanas. Hace 40 años luchamos por abrir los cauces a la competencia electoral pluripartidista. En 2017, la pluralidad política es un hecho irrevocable; las diputaciones plurinominales cumplieron ya su cometido. Hoy el PRI propone eliminar esta vía de acceso a los puestos de elección popular. El objetivo es que todos los diputados y senadores se ganen su cargo con el voto directo del pueblo en sus respectivos distritos o entidades federativas.

Otro de los temas que ha cambiado con el paso de las décadas es el del financiamiento público a los partidos políticos y candidatos. En su momento, otorgar dinero de todos los mexicanos a los partidos constituyó un elemento de equidad en la competencia electoral, que permitió a todas las fuerzas políticas tener un piso mínimo para competir. Los tiempos han cambiado. Hoy la sociedad mexicana expresa, con razón, un rechazo mayoritario a este tipo de financiamiento.

Por las anteriores razones, los legisladores del PRI han presentado una iniciativa que propone no sólo la eliminación de los 200 diputados y los 32 senadores plurinominales, sino también que los partidos dejen de recibir dinero del erario. La propuesta del Partido Revolucionario Institucional es que los partidos y candidatos sólo puedan acceder a los recursos privados que ellos mismos recaben para financiar sus actividades. Todo ello bajo un riguroso sistema de fiscalización que garantice la legalidad y transparencia de ese financiamiento.

El camino hacia la consolidación democrática avanza elección tras elección. El sistema electoral mexicano aún tiene retos por delante. Es un modelo estricto y complejo en el que cada proceso electoral ha dejado nuevas enseñanzas. Fiel a su historia, el Partido Revolucionario Institucional sigue y seguirá promoviendo todas las reformas electorales que favorezcan la competencia democrática y que amplíen los caminos de la participación ciudadana. Aquí el equipo se llama México.

Los documentos básicos que han regido al PRI

Los cambios sociales demandan cambios políticos. Los documentos básicos del PRI han evolucionado con el reloj de la historia. Nuestro partido ha estado siempre alerta para responder a las exigencias de una sociedad tan dinámica como la mexicana.

Estos textos han ido recogiendo las propuestas renovadoras que en cada etapa han planteado sus miembros y simpatizantes: los jóvenes, las mujeres y los hombres que buscan enriquecer la identidad política y los compromisos del partido. Las modificaciones a estos textos no han alterado, sin embargo, las convicciones fundamentales del PRI en sus más de 88 años de vida, las cuales se traducen en contribuir a la democracia del país a través del fortalecimiento de las instituciones y el mejoramiento de la calidad de vida de los mexicanos.

Los documentos básicos del Partido Revolucionario Institucional contienen las ideas y los principios que definen su visión de país. Estos textos han sido inspiración de los gobernantes y de legisladores priistas en favor de los más altos intereses de México. Son el retrato de nuestra convicción política.

En este capítulo explicaremos, de forma breve, el núcleo principal y las características de cada uno de los tres documentos básicos que, desde su fundación y hasta la fecha, rigen al PRI: *1)* la declaración de principios (el qué); *2)* el programa de acción (el cómo); y *3)* los estatutos (su reglamento). Analicemos, como referente histórico, los primeros documentos básicos que el PRI tuvo en las tres fases que ha tenido desde su nacimiento.

Partido Nacional Revolucionario (1929): *Instituciones y reforma social*

Los objetivos del Partido Nacional Revolucionario (PNR) respondieron a las presiones que generaban las fuerzas revolucionarias que luego de la Revolución mexicana se habían convertido en facciones políticas que no siempre se conducían por cauces pacíficos. Esto hacía que en el México inmediato a la Revolución, se vivieran etapas de inestabilidad política y social. Por ello, la idea principal de los estatutos del PNR planteaba lograr la unificación política del país. Se trataba de reconciliar intereses muy diversos que surgieron luego de la lucha armada.

El Primer Comité Directivo Nacional estuvo presidido por Manuel Pérez Treviño y en él fungió como secretario general Luis L. León. A su vez, el primer candidato a la presidencia postulado por el PNR fue Pascual Ortiz Rubio para el periodo 1930-1934.

El 20 de enero de 1929 se aprobaron los documentos básicos del PNR. En el artículo primero de los Estatutos se precisaron los objetivos centrales del partido:

- Mantener la unificación de los elementos revolucionarios.
- Sostener el orden legal emanado de la Revolución mexicana.
- Definir y consolidar las conquistas de la Revolución mexicana.
- Defender el sistema democrático y la forma de gobierno representativo que establece la Constitución.
- Participar en todas las luchas políticas (elecciones) del país.

La Declaración de Principios del PNR señalaba que se aceptaba "[…] en forma absoluta y sin reservas de ninguna naturaleza, el sistema democrático y la forma de gobierno que establece la Constitución Política de los Estados Unidos Mexicanos".[4] Proclamaba también tres elementos muy importantes:

1. Luchar decidida y enérgicamente por hacer cada vez más efectivos la libertad del sufragio y el triunfo de las mayorías en los comicios.
2. Procurar, por todos los medios a su alcance, la estabilidad de los gobiernos emanados de su acción política.
3. Ayudar y estimular paulatinamente el acceso de la mujer mexicana a las actividades de la vida cívica.

---

[4] Partido Revolucionario Institucional, *Partido Nacional Revolucionario 1929. Instituciones y Reforma Social. Documentos Básicos* [en línea], 20 de enero de 1929, disponible en: <http://www.pri.org.mx/bancosecretarias/files/Archivos/Pdf/277-1-10_30_14.pdf> [consulta: 26 de octubre de 2017].

El último planteamiento resultaba muy novedoso para el año 1929. En ese momento el naciente partido ya promovía la participación política de la mujer, aspecto que continúa siendo uno de los principales objetivos del PRI.

La Segunda Convención Nacional Ordinaria del PNR se realizó en diciembre de 1932. En ella se modificaron los documentos básicos del partido y se reafirmó que el PNR defendería los intereses de los menos favorecidos para lograr una sociedad más justa e igualitaria. Esta declaración reconocía como parte de su estructura a tres sectores fundamentales donde focalizaría sus energías: los obreros, los campesinos y los indígenas. La finalidad era "hacer de México un país grande y próspero, en la elevación cultural y económica de esas grandes masas de trabajadores de las ciudades y del campo".[5]

En esta modificación se incorporaron principios de política exterior, los cuales podemos reconocer en nuestros días: soberanía nacional, las relaciones pacíficas con otras naciones, la no intromisión en asuntos de otros países, y la no injerencia de otros gobiernos en los asuntos nacionales.

El Programa de Acción del PNR se centró en cinco rubros: educación, industria, agricultura, comunicaciones, y hacienda y crédito público; los cuales, por su gran relevancia, se describen enseguida:

Educación: el objetivo prioritario era elevar el nivel cultural del pueblo mediante el fortalecimiento de la identidad nacional, desde el punto de vista de los factores étnicos e históricos. Recordemos que en ese entonces

[5] *Idem.*

había más de 60% de analfabetismo en el país, por lo cual la educación fue de máxima prioridad para el PNR.

Industria: se planteó el fomento de las grandes industrias, defendiendo a la clase trabajadora y la intensificación de la pequeña industria. También se enfatizó en el impulso a los productos de fabricación nacional.

Agricultura: el partido promovería el reparto agrario a favor de las clases que trabajaban directamente la tierra y el apoyo a las personas más desvalidas en pueblos y rancherías. También se aprobó favorecer a la clase media campesina con mecanismos de irrigación de la tierra.

Comunicaciones: se planteó la necesidad de amplificar la comunicación entre las fuentes de producción y los centros de consumo del país, los medios de movilización de los habitantes y un mejoramiento constante de los servicios de correos, telégrafos y teléfonos. En este apartado también se dispuso generar los medios más apropiados para el intercambio comercial internacional.

Hacienda y crédito público: el acento estaba en lograr un mayor desarrollo económico para lograr la reconstrucción del país. La coordinación entre las actividades generadoras de la circulación y del consumo serían la base fundamental para la estabilidad hacendaria nacional.

Partido de la Revolución Mexicana (1938): *Por una democracia de los trabajadores*

El 4 de septiembre de 1936, el Comité Ejecutivo Nacional (CEN) del PNR expidió un manifiesto en el que reconocía la creciente influencia de los obreros y los campesinos organizados, y su importancia en la dirección política y económica del país. Por ese motivo estableció una política de apertura a las organizaciones conformadas por esos importantes colectivos. En diciembre de 1937, el Presidente Lázaro Cárdenas se pronunció por transformar los estatutos del PNR.

Se consideraba que el Partido Nacional Revolucionario ya había cumplido su objetivo de unificar las diferentes agrupaciones revolucionarias, gracias a lo cual se transitaba de la era de los caudillos a la era de las instituciones. El nuevo momento hacía indispensable que el partido se modernizara con los nuevos momentos políticos, económicos y sociales del país. El cambio estuvo precedido por el nacimiento de dos organizaciones de inmensa relevancia para el partido hasta nuestros días: la Confederación de Trabajadores de México (CTM) y la Confederación Nacional Campesina (CNC), fundadas en 1936 y en 1938, respectivamente.

En 1938, se optó por convertir al PNR en el Partido de la Revolución Mexicana (PRM). El cambio de nombre en realidad era mucho más que eso. La nueva etapa del partido representaba la unión de cuatro sectores clave para la nación: obrero, campesino, popular y militar. El 30 de marzo de 1938, 400 delegados representantes de estos sectores se reunieron en el palacio de Bellas Artes para suscribir un Pacto de Unión y Solidaridad, así como los documentos básicos del partido, adoptando el lema: *Por una democracia de los trabajadores*.

La Declaración de Principios del PRM ratificaba su compromiso con el sistema democrático del gobierno, el apoyo a los campesinos, el derecho de huelga para la clase obrera, la intervención del Estado en la economía, el fomento de la construcción de habitaciones populares, el establecimiento de un seguro social, la no intervención y la autodeterminación de los pueblos como principios rectores del derecho internacional, entre otros postulados. A tono con los documentos básicos de su antecesor (el PNR), el nuevo instituto político refrendó el compromiso con la igualdad político-social de la mujer y la garantía de la libertad para los indígenas.

El artículo primero de los Estatutos precisó que, como andamiaje fundamental del partido, la estructura del PRM estaba conformada alrededor de los cuatro sectores mencionados. También se establecieron los órganos directivos: el Consejo Nacional, el Comité Ejecutivo Central, los consejos regionales y locales, y los comités municipales. Es decir, se mantenía la doble estructura representativa –territorial y sectorial– que tuvo el PNR.

El artículo segundo de los Estatutos estableció un pronunciamiento fundamental: "Las mujeres se consideran exactamente en las mismas condiciones que los hombres".[6] En el artículo 10 de los Estatutos del PRM se estableció la primera cuota de género en materia política: dos de cada seis representantes del sector popular debían ser mujeres.

El Comité Central Ejecutivo estaba conformado por seis miembros: su presidente, cuatro titulares de secretarías que representaban a cada uno de los sectores y la Secretaría de Acción Femenil. Se elegiría al candidato a la Presidencia de la República por convocatoria emitida por lo menos un año

---

[6] Partido Revolucionario Institucional, *Partido de la Revolución Mexicana 1938. Por una Democracia de Trabajadores. Documentos Básicos* [en línea], marzo de 1938, disponible en: <http://www.pri.org.mx/bancosecretarias/files/Archivos/Pdf/278-1-10_34_06.pdf> [consulta: 27 de octubre de 2017].

antes de la fecha de la elección. Los sectores debían proponer candidatos. Esas propuestas se debatían en la Asamblea Nacional, en la que estaba representada la militancia.

En el Programa de Acción, uno de los temas prioritarios para el PRM (como lo fue antes para el PNR) se centró en la infraestructura de las comunicaciones. Se propuso promover la ampliación de los servicios de correo y telégrafos; alentar la creación de nuevas redes telefónicas en zonas rurales; construir carreteras en las zonas de producción y centros de consumo; conectar a pequeñas poblaciones con el servicio ferroviario; impulsar las comunicaciones aéreas; ampliar la radiodifusión; fomentar las comunicaciones internacionales (terrestres y marítimas); mejorar los puertos, y alentar el desarrollo de la marina mercante nacional.

Partido Revolucionario Institucional (1946): *Democracia y justicia social*

El 18 de enero de 1946 se reunió la Convención Constitutiva del PRM con la finalidad de reestructurarlo. Si bien se reconocía el papel fundamental de las fuerzas armadas al servicio de la patria y su heroísmo, se consideró que la paz social que había logrado el país hacía innecesario que el componente militar estuviera dentro de la estructura del partido. Esa iniciativa desembocó en una nueva denominación política. Así, el 19 de enero de 1946 apareció el Partido Revolucionario Institucional, bajo el lema: *Democracia y justicia social.*

El primer Presidente de la República surgido del PRI (con esta denominación) fue Miguel Alemán Valdés; él fue el primero en la era posrevolucionaria que no tenía una carrera militar, que no había participado en la Revolución mexicana y era egresado de la Universidad Nacional Autónoma de México (UNAM).

Los Estatutos determinaron que los sectores obrero, agrario y popular tuvieran representación en el Consejo Nacional: tres integrantes de cada uno, con sus respectivos suplentes, por cada entidad federal. Además, por cada 32 delegados se elegirían al menos dos mujeres y dos jóvenes.

En el primer artículo de sus Estatutos, el nuevo partido remarcó su carácter nacional. Sustituyó la organización de cuatro sectores y amplió su alcance a obreros, campesinos, trabajadores independientes, empleados públicos, cooperativistas, artesanos, estudiantes, profesionistas, comerciantes y todo aquél afín a los principios de la Revolución mexicana. En el artículo segundo aparece por primera vez la referencia a otro pilar esencial del PRI que se ha conservado hasta hoy: la Confederación Nacional de Organizaciones Populares (CNOP), que se había creado tres años antes, en 1943, como expresión de la urbanización y modernización que vivía el país.

En la primera Declaración de Principios del PRI se manifestó que los ideales de la Revolución se materializaron en instituciones que ya formaban parte de la vida nacional y que éstas debían mantenerse y perfeccionarse.

Entre los grandes temas destacaban el ejido, el derecho de los trabajadores para organizarse bajo la forma de sindicatos, el derecho de huelga, el seguro social, el sistema de educación pública, la libertad de expresión y de pensamiento, la libertad de asociación, la libertad de creencias, la libertad política y económica. En materia de ética, se puntualizó que "ningún partido puede llevar a cabo un programa político y social si no impera una absoluta moralidad en los procedimientos que se emplean".[7] Otro de los componentes más relevantes de esta declaración se centró en que la educación cívica y la preparación política del pueblo eran esenciales para el buen funcionamiento de una democracia auténtica.

Una vez más, el partido impulsó la equidad de género de manera decidida: "La tradicional situación de inferioridad en que ha vivido la mujer respecto del hombre; no obstante su capacidad biológica y su eficaz participación en el proceso de la producción económica, exige una rectificación inmediata como acto requerido por la Revolución, que debe traducirse en colocar a aquélla en un plano de derechos y prerrogativas idénticos a los que disfrutan los individuos del sexo masculino".[8]

Con ese objetivo, se señaló que era necesario lograr: *1)* el derecho al trabajo para la mujer, en iguales condiciones que para el hombre; *2)* la igualdad de derechos civiles para la mujer y para el hombre; *3)* la igualdad de derechos políticos para la mujer y para el hombre, y *4)* las oportunidades idénticas para la mujer y para el hombre, en cuanto a su preparación profesional y cultural.

El PRI puso especial énfasis en la importancia del sector campesino y en la necesidad de elevar su nivel económico, intelectual y moral. Se destacó en esta declaración que era indispensable una perfecta armonía entre los intereses

---

[7] Memoria Política de México, *1946 Pacto, Declaración de Principios y Programa del Partido Revolucionario Institucional* [en línea], 20 de enero de 1946, disponible en: <http://www.memoriapoliticademexico.org/Textos/6Revolucion/1946%20P-DP-PP-PRI.html> [consulta: 27 de octubre de 2017].

[8] *Idem.*

de los campesinos y los pequeños agricultores, a fin de que la mejoría en la técnica y el incremento en la producción redundaran en el beneficio de ambos.

El Programa de Acción planteó una serie de medidas que ilustran muy bien el nuevo tinte del Partido Revolucionario Institucional, entre las que destacan:

- Organización de la economía del país sobre el principio de que la producción y distribución se orientan a satisfacer las necesidades populares con la mayor libertad posible, pero bajo la supervisión del Estado.
- Vigilancia de la aplicación de los preceptos constitucionales y de las leyes agrarias, para procurar que las reformas sean benéficas para el sector campesino.
- Trabajo por el adelanto de la técnica agrícola entre ejidatarios y pequeños propietarios, y por el desenvolvimiento de la industria ganadera y sus conexas. Esto mediante el perfeccionamiento del crédito agrícola y el establecimiento del seguro agrícola y del seguro social para los trabajadores campesinos.
- Cooperación para que la educación rural se extienda e intensifique.
- Lucha por la liberación integral de la mujer campesina, dándole posibilidades de trabajo iguales a las del hombre.
- Impulso del sector social conformado por las comunidades indígenas.
- Definición de la justicia social como suprema aspiración del partido.
- Desarrollo de una intensa campaña de salubridad y de higiene pública y privada.

- Impulso a las comunicaciones para el intercambio económico e intelectual de México.
- Administración adecuada de la justicia como condición fundamental para mantener el equilibrio en la convivencia social.
- Reconocimiento de los derechos específicos del sector juvenil del país para impulsar su organización y unificación.
- Mejoramiento económico y técnico de los miembros del ejército, como un sector significativo del pueblo mexicano.
- Apoyo a las democracias y respeto absoluto al derecho de los pueblos débiles.
- Sustento de la soberanía nacional como base de la política exterior, lo que incluía "el cultivo de relaciones de sincera amistad con todas las naciones",[9] la no intervención de México en los asuntos interiores de otros países y evitar la intromisión de otros estados en los asuntos interiores de México.

Éste es tan sólo un breve esbozo de los documentos básicos del Partido Revolucionario Institucional.

Mediante las asambleas nacionales, el PRI ha adaptado el contenido de estos documentos a las condiciones sociales, económicas y políticas de una sociedad compleja y dinámica, como la mexicana, sobre lo cual abundaremos más adelante.

Desde 1950 hasta la fecha, el PRI ha realizado 22 asambleas nacionales ordinarias, en las que se han aprobado

---

[9] *Idem.*

adiciones y modificaciones que responden a cada nueva etapa del partido. Pero puede apreciarse que los elementos fundamentales de su ideario se mantienen intactos: democracia, institucionalidad, justicia social, equidad de género, soberanía nacional y el impulso a la juventud.

Éstos son valores que acompañan al PRI desde su fundación en 1929. La esencia original del partido se ha fortalecido con 88 años de experiencia.

La identidad política del PRI

La ideología del PRI

Un partido revolucionario

El PRI surge de los grandes valores sociales de la Revolución mexicana. En él recayó la tarea histórica de conducir el proceso de construcción de una nación moderna, soberana, independiente, democrática y justa. Fiel a las razones de su nacimiento, el PRI se encargó de crear las políticas públicas necesarias para impulsar las mejores condiciones de vida de la sociedad en su conjunto. De ahí que sus sectores estén conformados por campesinos, trabajadores, el sector popular, mujeres y jóvenes.

Revolución significa cambio. El PRI es revolucionario no sólo porque sustenta su visión en los ideales de la Revolución mexicana, sino porque cambia al compás de la sociedad para adaptarse a los nuevos tiempos, con la convicción de transformar las condiciones sociales, económicas y políticas del país. A partir de los principios revolucionarios que lo forjaron como partido, el PRI ha sabido identificar las cambiantes necesidades de todos los mexicanos. Asimismo, ha construido y transformado las instituciones que orientan el desarrollo económico y social de la nación, con lo cual ha dotado al país de estabilidad política y social.

Para el PRI, los valores de su origen son vigentes e irrenunciables porque siguen representando las aspiraciones de millones de mexicanos en un país que aún está lejos de alcanzar su mayor potencial. Por esas razones, es un partido orgulloso de los principios ideológicos de la Revolución mexicana que, con vista hacia el futuro, promueve el avance de México con democracia y justicia social.

Un partido socialdemócrata

La socialdemocracia es una ideología política de izquierda que surgió a mediados del siglo XIX. Pugna por la justicia social, la dignidad humana y la democracia. Además, promueve el constante mejoramiento en las condiciones sociales, económicas y culturales de la colectividad en su conjunto; y pone especial acento en la defensa de las personas menos favorecidas, siempre por vías institucionales y pacíficas.

Si bien esta ideología ha mantenido firme su doctrina de apoyo al régimen democrático, a las libertades ciudadanas y a la protección de los derechos humanos, también es verdad que se ha ido modificando de acuerdo con los cambios que han ocurrido en el mundo. En el ejercicio del gobierno, la socialdemocracia promueve una economía mixta, en la que el Estado sea el rector y establezca amplias políticas de bienestar social, al tiempo que impulse las libertades económicas y el sector privado, estimulando así la competencia. El Estado se asegura también de generar las condiciones para una mayor influencia y participación en los medios de comunicación.

Las ideas de la socialdemocracia llevaron a que en 1951 apareciera la Internacional Socialista (IS), una prestigiosa organización fundada en Fráncfort, Alemania. Desde su comienzo, se ha abocado a poner en marcha políticas públicas de protección social, de defensa al medio ambiente, a favor de los consumidores, de equidad de género, de integración de las minorías, de mayor equidad social y leyes antidiscriminatorias. Esta organización hoy agrupa a más de 100 partidos políticos de todas las latitudes del mundo, los cuales comparten el ideario antes descrito; entre éstos se encuentra el Partido Revolucionario Institucional.

El PRI es un partido que se pronuncia en favor del libre mercado y de la apertura económica, con un Estado rector que corrige las desigualdades y da certidumbre jurídica y garantías a los agentes económicos. La defensa y promoción de los valores de democracia, libertad, igualdad, solidaridad, pacifismo y Estado laico son también parte de la ideología del PRI como partido socialdemócrata. El ideario de nuestro partido está alineado con su herencia revolucionaria.

Un partido nacional

El primer objetivo que se planteó el partido en su origen fue la unificación de grupos políticos que se encontraban dispersos en las distintas regiones del país. Esta unidad se dio con base en las ideas que surgieron de la Revolución mexicana, recogidas por la Constitución de 1917. Al igual que esas ideas y normas aún siguen vigentes en México, el PRI preserva hasta hoy su carácter nacional. Este partido contribuyó a la formación de un andamiaje institucional con alcance en todo el país; y para muestra de ello, tres ejemplos: el caso del reparto agrario, la implementación del sistema de educación pública y la fundación de instituciones financieras.

Hoy por hoy, gracias a que mantiene su vocación plural e incluyente, el PRI es el único partido político de México que tiene fuerza nacional. A diferencia de otros partidos que se sustentan en su presencia regional o local, el Partido Revolucionario Institucional está presente y es competitivo a lo largo de todo México.

Un partido institucional

El PRI cree firmemente que la justicia y el avance de la sociedad sólo pueden lograrse dentro del marco de la Constitución y de la ley. Desde su nacimiento, como PNR, se propuso lograr la institucionalización de México para encaminar por la vía legal las aspiraciones políticas de los caudillos revolucionarios, muchos de los cuales seguían dirimiendo sus disputas a través de las balas. Es por ello que había que suprimir los alzamientos armados y entrar a una era de reglas e instituciones para acceder al poder y para transmitirlo en forma pacífica de unas manos a otras.

Institucionalidad implica el compromiso de respetar a toda costa las reglas que nos hemos dado como sociedad. El PRI es institucional porque cree firmemente en los órganos representativos del Estado y en el apego a derecho. Gracias a la institucionalización lograda por el PRI, México –a diferencia de la enorme mayoría de los países de América Latina– logró mantener la paz y la estabilidad.

Un partido incluyente

En su trayectoria histórica, y hasta el día de hoy, el PRI ha sido un partido que representa a todos los sectores de la sociedad mexicana. Así lo refleja su composición: por una parte, en su estructura territorial, por medio de la cual lleva a cabo la acción política y la actividad electoral; por otra, en su estructura sectorial, la cual es la base de la integración social del partido. Los tres sectores que integran el PRI son el agrario, el obrero y el popular.

Sector agrario. Está representado por la Confederación Nacional Campesina (CNC). Se encuentra compuesto por ejidatarios, comuneros, solicitantes de tierras, asalariados y productores agrícolas. La CNC se erige como la organización más importante en la defensa del agro mexicano. El sector agrario, de la mano de sus filiales, es el encargado de analizar las circunstancias que pueden aquejar al campo mexicano y a cada uno de los productos agropecuarios que se producen en el país, así como de presentar las posibles soluciones. La CNC tiene el propósito permanente de mejorar la situación del campo mexicano y de esa manera elevar el nivel de vida de los campesinos.

Sector obrero. Está representado por la Confederación de Trabajadores de México (CTM). Agrupa a todos los trabajadores sindicalizados del país. La CTM se considera una organización revolucionaria, nacionalista, de y para los trabajadores y las clases proletarias, la cual tiene la finalidad de acabar con la explotación laboral y con la inequidad social. La CTM se impulsa bajo los principios de democracia, libertad y plena autodeterminación. Exige de manera enérgica el respeto a la dignidad humana para los trabajadores, que son un componente indispensable del desarrollo nacional.

Sector popular. Está representado por la Confederación Nacional de Organizaciones Populares (CNOP), una organización que sirve de eslabón entre el PRI y los representantes de las causas de la sociedad que buscan construir un México más incluyente, próspero, democrático y justo. Su propósito es dar voz a las causas de los profesionistas y trabajadores independientes, de organizaciones vecinales y de colonos, de las mujeres trabajadoras y jefas de familia, de los jóvenes y universitarios, de los micro, pequeños y medianos empresarios urbanos, de los pequeños propietarios rurales y ganaderos, de los pequeños comerciantes e industriales, de los trabajadores y empresarios del transporte, de los jubilados, pensionados y personas de la tercera edad, trabajadores de la salud y organizaciones de la sociedad civil. Su importancia está en escuchar las demandas sociales y convertirlas en acciones políticas, siempre con la visión crítica y constructiva que caracteriza al PRI.

La finalidad de los sectores priistas es reforzar la solidaridad social de sus militantes y propiciar su participación activa en la construcción de un mejor país. La relación entre el PRI y sus sectores es recíproca; así, mientras el partido se compromete a defender su progreso y su participación en la vida pública, los sectores fomentan los principios que rigen al Partido Revolucionario Institucional.

Un partido organizado

El PRI predica con el ejemplo al practicar una sólida institucionalidad hacia el interior de sus filas. Tiene una estructura bien diseñada que responde a una gama amplia de organismos que encuentran en el partido un lugar donde coinciden sus ideas políticas, se encauzan sus aspiraciones y se trabaja para construir un mejor país.

De acuerdo con las disposiciones estatutarias del PRI, los órganos de dirección que lo constituyen son:

a) La Asamblea Nacional.
b) El Consejo Político Nacional (CPN).
c) La Comisión Política Permanente.
d) El Comité Ejecutivo Nacional (CEN).
e) La Comisión Nacional de Justicia Partidaria.
f) La Defensoría Nacional de los Derechos de la Militancia y las defensorías de los derechos de la militancia de las entidades federativas.
g) Las asambleas de las entidades federativas, municipales, de las demarcaciones territoriales de la Ciudad de México y seccionales.
h) Los consejos políticos de las entidades federativas, municipales y de las demarcaciones territoriales de la Ciudad de México.
i) Las comisiones de justicia partidaria de las entidades federativas.
j) La Comisión Nacional y las comisiones de procesos internos de las entidades federativas, de los municipios y de las demarcaciones territoriales de la Ciudad de México.

k) Los comités directivos de las entidades federativas, municipales y de las demarcaciones territoriales de la Ciudad de México.
l) Los comités seccionales.

La Asamblea Nacional es el órgano máximo del partido y está integrado por: *1)* Consejo Político Nacional, en pleno; *2)* Comité Ejecutivo Nacional, en pleno; *3)* comités directivos de las entidades federativas y de la Ciudad de México, en pleno; *4)* presidentes de los comités municipales y de demarcación territorial de la Ciudad de México; *5)* presidentes de los comités seccionales; *6)* legisladores federales del Partido; *7)* dos diputados locales por cada entidad federativa; *8)* presidentes municipales priistas; *9)* síndicos, regidores y concejales priistas; *10)* delegados de los organismos especializados y organizaciones nacionales del Partido; y *11)* delegados electos democráticamente a nivel municipal.

Esto quiere decir que la Asamblea Nacional está constituida con la doble estructura del partido: organización territorial y sectorial; las cuales deben estar representadas de manera paritaria y sus delegados o representantes deberán elegirse democráticamente.

Los trabajos de la Asamblea son coordinados por una mesa directiva encabezada por el presidente del Comité Ejecutivo Nacional (CEN) –quién lo es también del Consejo Político Nacional (CPN)–, un secretario o secretaria, función que recae en quien sea el titular de la Secretaría General del CEN, y tantos vicepresidentes, prosecretarios y escrutadores como determine la convocatoria y el reglamento respetivos.

Las atribuciones básicas de la Asamblea consisten en: *1)* emitir y reformar los documentos básicos del partido y el código de ética; *2)* definir las políticas y líneas de acción a seguir; *3)* analizar el desempeño de quienes integran los poderes públicos, de filiación priista; *4)* formular los lineamientos políticos, económicos y sociales para la mejor aplicación de los principios y programas del PRI; y *5)* conocer y aprobar, en su caso, el informe que el Consejo Político Nacional le presente de sus actividades. La Asamblea Nacional se celebrará en forma ordinaria cada tres años.

El Consejo Político Nacional (CPN) es, en cambio, un órgano permanente que se encuentra subordinado a la Asamblea Nacional. Le corresponden las tareas de planeación, decisión y evaluación política, en términos de los estatutos partidistas. Luis Donaldo Colosio destacaba la importancia del Consejo Político Nacional, al sostener que su pluralidad genera un mecanismo incluyente para la toma de decisiones en el partido; esa composición contribuye a la unidad de los priistas, valor que ha sido un sello desde su creación.

El CPN está integrado por: *1)* el Presidente de la República, de filiación priista; *2)* el presidente y el secretario general del CEN; *3)* los expresidentes del CEN; *4)* los presidentes de los comités directivos estatales y el de la Ciudad de México; *5)* un presidente de comité municipal por cada estado y un presidente de comité delegacional; *6)* la tercera parte de los senadores de la república y de los diputados federales; *7)* dos diputados locales por cada entidad federativa; *8)* los gobernadores de filiación priista; *9)* un presidente municipal por cada estado o equivalente; *10)* el presidente de la Federación Nacional de Municipios de México, A. C.; *11)* el presidente de la Conferencia Nacional de Legisladores Locales Prisitas, A. C.; *12)* siete consejeros de la Fundación Colosio, A. C.; *13)* siete consejeros del Instituto de Formación Política Jesús Reyes Heroles, A. C.; *14)* siete consejeros del Movimiento PRI. mx; *15)* tres representantes de los grupos de militantes con discapacidad y tres representantes de los adultos mayores; *16)* la representación de los sectores y organizaciones, electa democráticamente; y *17)* 160 consejeros electos democráticamente.

Algunas de las principales atribuciones del CPN son las siguientes: *1)* determinar las acciones del partido para mantener vigente el proyecto histórico de la Revolución mexicana; *2)* aprobar y evaluar el cumplimiento de las plataformas electorales del partido; *3)* acordar la coalición con otros partidos; *4)* acordar que se convoque a la Asamblea Nacional; *5)* seleccionar el procedimiento estatutario para la postulación de los candidatos a cargos federales; *6)* determinar el método para la elección estatutaria de la dirigencia nacional; y *7)* elaborar, discutir, aprobar, emitir y, en su caso, reformar, adicionar o derogar los reglamentos del partido.

El Comité Ejecutivo Nacional (CEN) tiene a su cargo la representación y dirección política del partido en todo el país y desarrollará las tareas de coordinación y vinculación para la operación política de los programas nacionales que apruebe el Consejo Político Nacional y la Comisión Política Permanente.

El CEN estará integrado por: *1)* una presidencia; *2)* una secretaría general; *3)* la representación de cada una de las secretarías; *4)* una contraloría general; *5)* la representación del partido ante el Consejo General del Instituto Nacional Electoral; *6)* la Comisión Nacional de Ética Partidaria; *7)* los titulares de otros órganos nombrados por el presidente; *8)* tres personas titulares de la coordinación de Acción Legislativa, una por cada cámara federal y una por los congresos locales; *9)* un representante de los presidentes municipales y equivalentes; y *10)* el coordinador de cada sector y organización nacional. Por disposición estatutaria, el presidente del CEN lo es también del CPN y de la Asamblea General.

Las principales atribuciones del CEN son: *1)* analizar y decidir sobre las cuestiones políticas y organizativas relevantes del partido; *2)* fijar criterios para elaborar estudios políticos, económicos, sociales y culturales; y *3)* convocar a la Asamblea General, así como a la Convención Nacional.

El CEN cuenta con las secretarías de: Organización, Operación Política, Acción Electoral, Finanzas y Administración, Atención para Estados en Oposición, Gestión Social, Jurídica y de Transparencia, Acción Indígena, Cultura, de Vinculación con Sociedad Civil, Asuntos Internacionales, Asuntos Migratorios, Vinculación con las Instituciones de Educación, Vinculación Empresarial y Emprendimientos, Frontera Norte, Frontera Sur-Sureste, Atención a Personas Adultas Mayores, Deporte, Comunicación Institucional, de Atención a Personas con Discapacidad, y Enlace con las Legislaturas de las Entidades Federativas.

La determinación del método para la elección estatutaria del presidente y del secretario general del Comité Ejecutivo Nacional, de los comités directivos estatales y de la Ciudad de México, municipales y delegacionales, se realizará por el Consejo Político del nivel que corresponda. En sus rasgos fundamentales, la estructura nacional se replica a nivel local, municipal, delegacional y seccional.

Aunado a los sectores del partido, que fueron descritos en el rubro anterior, el PRI cuenta con una serie de importantes organizaciones y asociaciones nacionales:

Movimiento Territorial. Estructura nacional, autónoma y con estatutos propios, que orienta sus actividades a los asentamientos humanos en áreas urbanas. Tiene por objeto impulsar y conducir la participación de las comunidades en el mejoramiento de su calidad de vida.

Organismo Nacional de Mujeres Priistas. Su principal motor es el impulso a la participación política de las mujeres. Lleva a cabo medidas para eliminar la desigualdad histórica y acortar la brecha entre mujeres y hombres y, de esa manera, impulsar el empoderamiento de la mujer.

Red Jóvenes x México. Heredera del Frente Juvenil Revolucionario, la Red es una plataforma diseñada por y para los jóvenes a efecto de que desarrollen sus anhelos, aspiraciones y proyectos en favor de México.

Asociación Nacional de la Unidad Revolucionaria. Las agrupaciones que componen esta asociación tienen un origen revolucionario y están inspiradas por los anhelos ideológicos heredados de las causas agraristas, convencionistas y constitucionalistas.

Federación Nacional de Municipios de México (Fenamm). Organización municipalista más representativa del país, agrupa a alcaldes, síndicos, regidores y funcionarios de más de 1 625 municipios.

Conferencia Nacional de Legisladores Locales Priistas. Su propósito fundamental es orientar agendas legislativas y líneamientos políticos para los grupos parlamentarios en congruencia con los principios y valores que contienen los documentos básicos del PRI.

Asociación Nacional Revolucionaria Leandro Valle. Contribuye en la investigación, desarrollo y análisis de los programas económicos, políticos, sociales y culturales del PRI. Realiza campañas de divulgación ideológica de los principios nacionales proclamados en la Independencia, la Reforma y la Revolución mexicana.

Agrupación Nacional de Militares Retirados. Fomenta la unión entre miembros de las Fuerzas Armadas de México en situación de retiro para garantizar una vida digna a todos los que sirvieron a México con lealtad y patriotismo. Promueve que se cumplan las prestaciones legales con eficacia y eficiencia.

El PRI se conforma también con los siguientes organismos especializados:

La Fundación Colosio. Es un espacio libre, abierto y plural para la reflexión, el debate informado, la crítica constructiva y la formulación de propuestas para un México en paz, próspero e incluyente.

El Instituto de Capacitación y Desarrollo Político (próximamente Instituto de Formación Política Jesús Reyes Heroles). Es el organismo responsable de la formación ideológica y política de los miembros y simpatizantes del PRI.

Movimiento PRI.mx. Reúne a los militantes y simpatizantes encargados de informar a la sociedad sobre los esfuerzos y las acciones del partido mediante los medios digitales. Diseña y opera la Estrategia Digital Nacional del PRI para extender y generalizar el uso de las tecnologías de la información y la comunicación como un derecho que el PRI ha impulsado para todos los mexicanos.

Y muy señaladamente tenemos a las organizaciones adherentes con registro nacional:

- Alternativa de Participación, A.C.
- Acción Jurídica Revolucionaria, A.C.
- Ala Universitaria, A.C.
- Asociación Política México Nuevo, A.C.
- Colegio de Profesionales en Derecho, A.C.
- Confederación Campesina Mexicana No Reelección.
- Confederación de Jóvenes Mexicanos, A.C.
- Corriente Crítica, A.C.
- Corriente Democrática Progresista XXI, A.C.
- Corriente Solidaridad.
- Democracia Nueva, Nueva Opción, A.C.
- Democracia Social Ave, A.C.
- Espacio Plural Nuevo, A. C.
- Evolución, A.C.
- Federación de Empresarios Nacionalistas de México (Fenamex), A. C.
- Fraternidad de México, A. C.
- Frente Revolucionario de Campesinos y Trabajadores de México, A. C.
- FS X México, A. C.
- Instituto Político Empresarial, A. C.
- Juventud de México en Revolución, A.C.
- México Próspero y de Transformación Meta, A. C.
- Movimiento México Avanza (MMA), A.C.
- Movimiento Juvenil Mexicano, A. C.
- Organización Nacional de Fomento a la Agroindustria, A. C.
- Proyecto Nacional por y para México, A. C.

- Sociedad Mexicana de Ingenieros, A. C.
- Unidos Transportistas y Campesinos por una Conciencia Superior, A. C.

La Declaración de Principios

En el capítulo segundo se han descrito los rasgos fundamentales de los principios que ha sostenido el PRI a lo largo de su trayectoria histórica. Con el paso del tiempo, la militancia del partido, a través de la Asamblea Nacional, ha ido enriqueciendo y actualizando el ideario priista.

El 12 de agosto de 2017, la 22ª Asamblea Nacional del Partido Revolucionario Institucional aprobó las más recientes modificaciones a la Declaración de Principios del PRI. Como se detallará en el último apartado de esta obra, esta Asamblea mantuvo vigentes los valores que han definido al PRI desde sus inicios: soberanía, libertad, democracia y justicia social. Reivindicó también el origen revolucionario del partido. Al mismo tiempo, el PRI se ha adaptado a los nuevos tiempos y a las actuales aspiraciones de la sociedad.

Con estas modificaciones se incorporaron visiones provenientes de toda la república, de los distintos sectores y organizaciones del PRI, y de la sociedad civil. El priismo estableció un compromiso muy puntual con las mujeres y los jóvenes, y se consolidó como un partido abierto a la sociedad al romper los candados que impedían a ciudadanos simpatizantes ser postulados a cargos de elección popular. El PRI refrendó también su convicción a favor de la defensa y la protección de los derechos humanos. Se ratificó el enérgico rechazo del partido ante cualquier expresión de discriminación por razones de género, preferencia sexual, origen étnico, discapacidad o cualquier otra que atente contra la dignidad humana.

Transcribimos enseguida, por su relevancia, el texto íntegro de la Declaración de Principios del PRI, con las modificaciones aprobadas por su Asamblea Nacional de 2017:

> Somos el Partido que ha impulsado la construcción del México moderno. Nos reconocemos en la Independencia de México, la Reforma y la Revolución Mexicana, verdaderos hitos que delinearon la Constitución de 1917, y que son fuente de nuestro nacionalismo. Luchamos por ser el medio con mayor capacidad para que la sociedad alcance sus anhelos, aspiramos a ejercer la mejor mediación entre la propia sociedad y el gobierno; de ahí que hagamos siempre un balance crítico entre lo que hemos hecho y lo que aún está por realizarse, con un claro sentido revolucionario, que significa diseñar e impulsar un programa de profundas transformaciones encaminadas a satisfacer las más altas expectativas de la sociedad.
>
> *A. Partido*
>
> 1. Somos un Partido que se sustenta en los principios ideológicos de la Revolución Mexicana, que plantea como postulados fundamentales el nacionalismo, las libertades, la democracia y la justicia social. Con base en ellos el Partido promueve el ejercicio democrático del poder hacia el desarrollo político, económico y social de México, y sostiene una tendencia ideológica que lo vincula

a la corriente social demócrata de los partidos políticos contemporáneos, espacio donde asumimos la democracia social en el liberalismo igualitario.
2. Somos un partido político nacional, integrado por mujeres y hombres libres, que conformamos una alianza de ciudadanos, de organizaciones y de los sectores agrario, obrero y popular, pilares fundamentales de nuestra vida partidaria, que reflejan la heterogeneidad de la sociedad mexicana. A fin de emprender las tareas que nos hemos dado, convocamos a la ciudadanía a participar en nuestra organización, ya sea como cuadros, militantes o simpatizantes; contamos, además, con los sectores agrario, obrero y popular, que dieron y dan impulso a las causas sociales que postulamos; con el Movimiento Territorial, que afirma nuestra presencia en la geografía política nacional, organizaciones de jóvenes y de mujeres, el movimiento PRI.mx y la Unidad Revolucionaria, así como con una sólida estructura territorial, cuya base se conforma por comités seccionales, que dan cuenta de la amplitud de nuestro Partido, la diversidad de instancias de participación y lo rico de su vida interna, en su estructura territorial, sectorial y de organizaciones.
3. Somos un Partido político que se inscribe en el régimen democrático de la República, comprometido con el cumplimiento de la Constitución Política de los Estados Unidos Mexicanos y con las leyes e instituciones que de ella emanan. Asumimos con responsabilidad la plena congruencia entre nuestros Documentos Básicos y la práctica política partidaria como un ejercicio ético fundamental.
4. Somos un Partido que combate la violencia política para garantizar los derechos políticos de las mujeres.

5. Son los ciudadanos y las ciudadanas que militan en nuestro Partido quienes marcan el derrotero de éste, sus grandes decisiones y orientaciones; no admitimos ninguna otra sujeción.

    Como afirmación de nuestra autonomía, no aceptamos apoyo económico, político o propagandístico que provenga de extranjeros, de ministros de culto, de asociaciones u organizaciones religiosas e iglesias, así como de cualquier otro origen cuya procedencia proscriban las leyes correspondientes. Somos un Partido comprometido con la voluntad del pueblo como principio y sustento de la organización política de la sociedad en el Estado, que asume la obligación de conducir sus actividades por medios pacíficos y por la vía democrática.

6. Promovemos el debate amplio y la deliberación sobre los problemas del país, y a partir de los grandes acuerdos, impulsamos la unidad nacional. Respetamos la diversidad de opiniones y los disensos, pues ellos nutren también la vida de la República. Para las y los priistas la unidad debe oponerse al autoritarismo, y la pluralidad no significa anarquía, sino diálogo respetuoso, necesariamente civilizado, que enriquece el espacio público.

    Creemos en las alianzas y coaliciones electorales, siempre que estén fundadas en afinidad de tendencias que se expresen en auténticos programas comunes; rechazamos aquellas que se sustentan en coincidencias de mera coyuntura, simulando la identidad política vinculante, y que sólo manifiesta una simple y llana ambición de poder por el poder.

    Nos manifestamos a favor del reconocimiento de nuevas formas de organización y participación políticas, por ello promovemos la posibilidad de conformar gobiernos

de coalición con otras fuerzas políticas que impulsen programas de gobierno y legislaciones en beneficio de toda la sociedad.
7. Somos el Partido que lucha por la democracia entendida como un sistema de vida fundado en el constante mejoramiento económico, político, social y cultural de los pueblos, que defiende el pleno respeto a los Derechos Humanos y promueve la cooperación y la convivencia pacífica entre las naciones como entre las personas. La diversidad social que nos integra se opone a quienes practican la confrontación y la división, implica enriquecer nuestra oferta política, propiciando un ejercicio gubernamental ejemplar e incluyente de gobiernos que cumplen sus compromisos de cara a la sociedad, es por ello que nos oponemos a cualquier forma de autoritarismo.
8. Somos el Partido que se pronuncia por establecer un compromiso urgente, integral y participativo a favor de la protección del medio ambiente, la mitigación del cambio climático, la protección animal y la diversidad biológica, en la búsqueda del desarrollo sostenible, que para ser tal, requiere la articulación del modelo económico con las políticas sociales.

Creemos en un modelo de desarrollo integral, que vincule los aspectos económicos con los retos sociales, ambientales, culturales y regionales, en el marco de una economía social de mercado.
9. Somos un Partido político hermanado con la expresión mundial de todas las fuerzas políticas comprometidas con la democracia los Derechos Humanos, la paridad de género y la justicia social. Consideramos que otra forma de mundialización no es posible. Compartimos los principios

de la Internacional Socialista y de la Conferencia Permanente de Partidos Políticos de América Latina, de las cuales somos miembros de pleno derecho.

La forma de mundialización cooperativa e incluyente, es deseable, posible y compatible con el fortalecimiento del Estado Nación, como forma de promover una integración global en nuestra condición de país soberano, no subordinado que, con el pleno reconocimiento de nuestra historia, identidad y autonomía, potencie esa interacción mundial en beneficio propio y de nuestros asociados, siempre en favor de la paz, la cooperación, la equidad y el desarrollo democrático, libre e igualitario.

Estamos a favor de garantizar el derecho de acceso a las tecnologías de información y comunicación fundamentales, en el proceso de integración global del que México es parte.

Reconocemos la importancia de la Organización Mundial del Trabajo para establecer normas, formular programas y políticas que promuevan el empleo.

10. Somos un Partido que rechaza y combate la corrupción y la impunidad, al tiempo que se pronuncia en favor de la honestidad, la transparencia y la rendición de cuentas, principios que deben observar los miembros del Partido cuando ocupan cargos en la administración pública, de elección, o en el ejercicio de tareas al interior de la propia organización partidista.

Somos un Partido comprometido en lograr un eficaz y honesto desempeño de la función pública, teniendo como más alto compromiso, el trato humano y eficiente con la ciudadanía en todos los niveles de la administración pública.

En ese mismo sentido, el Partido analizará el desempeño de los gobiernos emanados de sus filas, a partir del diálogo que haga prevalecer los compromisos éticos del Partido, quien demandará siempre la aplicación de las sanciones legales que correspondan cuando así se requiera, repudiando los actos que además de lastimar a la sociedad, agravian al propio Partido. Estamos comprometidos y comprometidas con la legalidad y la honestidad.

Quien aspire a una candidatura deberá sellar con el priismo un compromiso público de apertura, diálogo e inclusión política, que aleje su conducta de todo vicio grupal o cortesano y le recuerde, todo el tiempo de duración de su encargo, que no tiene la propiedad de ningún puesto y menos del Partido, porque es depositario temporal de una responsabilidad de servicio a la ciudadanía.

11. Somos un Partido promotor de la igualdad sustantiva y la paridad de género, así como del desarrollo y bienestar de las mujeres, de la sociedad mexicana y la comunidad internacional, protegiendo los derechos de las mujeres dentro y fuera del territorio nacional. Mantenemos un diálogo cercano con instituciones internacionales que nos permite avanzar en la protección y ejercicio pleno de los derechos de las mujeres.

12. Somos un Partido que establece estrategias para integrar a toda la ciudadanía en igualdad y paridad de género en el desarrollo social, económico y político del país, incorporando a las personas adultas mayores, personas con discapacidad, jóvenes, indígenas, afrodescendientes y personas en situación de vulnerabilidad.

13. Somos un Partido que reconoce en su Declaración de Principios y en su Código de Ética, dos poderosos instrumentos

de lucha político electoral que obligan a la congruencia ideológica y a la integridad en nuestra práctica política. Éstos recuerdan nuestras raíces y actualizan nuestra identidad, permiten comunicarla a la ciudadanía, y la empeñan en el mandato de cumplimiento, inherente a nuestros compromisos.

B. Estado

14. Sostenemos que los principios y compromisos que debe promover y realizar el Estado son:

15. Garantizar la integridad del territorio nacional.
16. Preservar la soberanía del país y el manejo sobre los recursos reservados para el dominio de la Nación.
17. Consolidar la República representativa, democrática, laica y federal.
18. Garantizar el ejercicio de la soberanía del pueblo a través de los Poderes de la Unión y por los Poderes de los Estados y de la Ciudad de México en lo que toca a sus regímenes interiores.
19. Promover la justicia social.
20. Impulsar la igualdad sustantiva, garantizar una vida digna libre de violencia para todas las mujeres, y asegurar el pleno ejercicio de los derechos de las mujeres, incluida la protección plena de su salud sexual y reproductiva.
21. Garantizar la vigencia del Estado de derecho y del régimen de libertades que consagra, con un firme compromiso de defensa y respeto de los Derechos Humanos y la protección del interés superior de la niñez.
22. Ejercer la rectoría del desarrollo nacional.

23. Garantizar la educación pública laica, gratuita y obligatoria, a nivel básico y medio superior y ampliar la cobertura y calidad de la educación superior.
24. Seguir ampliando los derechos universales a una vivienda digna y decorosa, a la alimentación, el derecho al agua, a un medio ambiente sano, a un desarrollo sostenible y a la salud.
25. Organizar el sistema de planeación democrática del desarrollo nacional.
26. Garantizar el respeto a los derechos de los pueblos indígenas.
27. El derecho a la ciudad y el desarrollo urbano sostenible.

El PRI está comprometido con la construcción de un Estado eficaz que, mediante el ejercicio de una rectoría efectiva, respetuosa de derechos y libertades y sujeta en todo momento al orden constitucional, haga valer el interés superior de la Nación, frente a intereses particulares o de grupo.

28. El pueblo da origen al poder político, al tiempo que es el fundamento de la soberanía nacional, de ahí que sean inviolables sus derechos, y la aspiración fundamental del Estado de ampliar sus libertades; por eso la protección de los Derechos Humanos es compromiso esencial del Estado.

La fortaleza del Estado se mide por la capacidad que éste tenga para preservar la inviolabilidad del territorio nacional, dar vigencia plena a los Derechos Humanos, garantizar la aplicación de la justicia, así como el alcance que tenga la justicia social en el marco democrático y de libertades que nos hemos dado.

Nos pronunciamos por un Estado Social y Democrático de Derecho basado en un orden constitucional eficaz y moderno, defensor de los Derechos Humanos y la igualdad de género, que garantice la seguridad de las personas y les brinde certeza jurídica, que abata la corrupción y erradique la impunidad, promoviendo la transparencia y la rendición de cuentas, así como el acceso a una justicia imparcial, pronta y expedita, en todos los ámbitos de la vida pública. Los grandes avances y los dolorosos rezagos del país califican nuestro accionar, pues somos quienes más hemos influido en las orientaciones del Estado; frente a los primeros planteamos consolidar logros, de cara a los segundos postulamos revolucionar las respuestas.

29. Nos pronunciamos por un Estado laico para el siglo XXI, que por un lado garantice la libertad de creencias y el respeto a las mismas, y que por otra parte acredite una vida republicana libre de dogmas o cultos religiosos, en donde la ética pública y el derecho funden la legitimidad del Estado.

30. Estamos a favor de un Estado que propicie la democracia representativa y participativa, que asegure el fortalecimiento de la representación popular y la participación ciudadana en la toma de decisiones de la vida pública, para avanzar permanentemente en el pleno cumplimiento de los derechos económicos, sociales, culturales y ambientales, que nos hemos dado.

31. Demandamos un Estado que ponga fin a la violencia política en contra de las mujeres, garantice su seguridad, su desarrollo; y que procure e imparta justicia desde una perspectiva de género.

32. Tenemos la convicción de que es necesario un Estado que respete la división de poderes y que propicie la colaboración entre los mismos, así como la participación responsable y comprometida de todas las fuerzas políticas en la

construcción de mayorías estables que garanticen la gobernabilidad y gobernanza democráticas.
33. Estamos a favor de un federalismo que garantice la soberanía estatal y la libertad de los municipios; que fortalezca el ejercicio transparente de las facultades de cada gobierno local y que recupere la confianza de las comunidades en sus autoridades a través de la rendición de cuentas. Un federalismo que se sustente en una distribución justa de recursos, con responsabilidades compartidas y atribuciones específicas para enfrentar de manera conjunta los retos de la Nación.
34. Promovemos la rectoría del Estado, sin menoscabo de la libertad económica, que aliente la economía social de mercado, que garantice la satisfacción de necesidades de las generaciones presentes, sin comprometer el bienestar de las generaciones futuras.

El PRI promueve la construcción de un México próspero, mediante el crecimiento económico sostenido, con equidad social y responsabilidad ambiental. Postulamos que contra la pobreza y la desigualdad se requiere la generación de empleos productivos bien remunerados, con base en una economía que concilia la necesidad de crecimiento, con el imperativo de mayor igualdad social.

Por ello, reconocemos la necesidad de incrementar, en forma consistente y sostenida, la productividad –con su consecuente aumento de los salarios reales–, como medio para acelerar el crecimiento económico y reducir la desigualdad, mejorando el bienestar social, en el marco de una economía de mercados flexibles y competitivos, un Estado rector y promotor de la inversión y de la actividad productiva, y una sociedad civil participativa y vigorosa.

Estamos comprometidos con el fomento a la vocación emprendedora de las micro, pequeñas y medianas empresas; la integración de una política agropecuaria y pesquera nacionalista; la economía mixta, el apoyo al desarrollo rural que incremente la producción y productividad en el campo; asegure la cohesión social y la competitividad de nuestras y nuestros productores. Que como tema de seguridad nacional, se resuelva la soberanía y la seguridad alimentaria de los y las mexicanas con tecnología de vanguardia; así como que se incentive y promueva un empleo digno con salario remunerador y el respeto irrestricto a los derechos laborales y de organización de los y las trabajadoras.

35. Exigimos un Estado garante de la justicia social, comprometido con la justicia en las oportunidades y el combate productivo a la pobreza, que incentive la redistribución de la riqueza a través de políticas públicas; impulse la educación pública de calidad con suficiente cobertura en todos sus niveles, como el medio más importante para contrarrestar la desigualdad social; y haga de la capacitación y la investigación en ciencia y tecnología instrumentos fundamentales para el desarrollo incluyente y sostenible en el marco de una sociedad del conocimiento.

    Concebimos a la educación como piedra angular para la transformación social; una educación que se realice más allá de las aulas y que con la contribución de todos forme una robusta cultura cívica.

36. Demandamos un Estado que promueva la intervención de la autoridad pública para mejorar los equilibrios sociales y regionales. Un Estado que permanentemente impulse reformas sociales en favor de las personas en situación de vulnerabilidad.

37. Nos pronunciamos por un Estado que reconozca el mandato de las mayorías pero al mismo tiempo sea incluyente y respetuoso de las minorías en el régimen democrático.
38. Defendemos la propiedad originaria de la Nación sobre las tierras, aguas y espacio aéreo, comprendidos dentro de los límites del territorio nacional, tanto continental como marítimo. La preservación de las cuencas hidrológicas del país, que incluya el reciclaje, el tratamiento de aguas residuales y el uso racional del agua, la sustentabilidad del medio ambiente y la protección de los recursos naturales y el desarrollo de fuentes alternas de energía renovable.
39. Ratificamos el dominio directo, inalienable e imprescriptible de la Nación sobre los hidrocarburos y los demás recursos naturales del subsuelo.
40. Exigimos un Estado que ejerza a plenitud la soberanía nacional, como principio rector fundamental en las relaciones de México con el mundo y como la capacidad de nuestra Nación para influir en la toma de decisiones del entorno global, para hacer prevalecer y proteger los intereses de las mexicanas y los mexicanos, así como para combatir la discriminación, y proteger plenamente los derechos de las personas migrantes.
41. Exigimos que la actuación del Estado, erradique cualquier forma de discriminación, que se someta al imperio de la Ley y al respeto de los Derechos Humanos. Demandamos el pleno respeto de los derechos de los pueblos, barrios originarios y comunidades indígenas, la protección efectiva de sus usos y costumbres, así como de los territorios ancestrales en donde habitan, como corresponden a nuestra identidad multiétnica y pluricultural.

Exigimos garantizar en la impartición de justicia, la aplicación irrestricta de la ley, con eficiencia, transparencia y oportunidad, fortaleciendo el debido proceso, a fin de abatir la impunidad y garantizar la seguridad ciudadana.

C. Sociedad

42. La protección de los Derechos Humanos, el debido proceso, el derecho a la información; el derecho de audiencia, la protección al consumidor, las políticas sociales, la igualdad y paridad de género, la consulta popular, el referéndum y el plebiscito son, entre otros, mecanismos e instrumentos encaminados a que la ciudadanía potencie su condición de gran protagonista del México contemporáneo.

    La impunidad, el crimen, la corrupción, los abusos de la autoridad, la opacidad, la inseguridad, la discriminación, la desigualdad y la inequidad de género, son fenómenos que atentan contra la población y que el clamor de la ciudadanía llama a erradicar.

    Eliminar la distancia que existe entre los propósitos, estrategias, acciones y políticas a favor de la ciudadanía, respecto de los hechos que lo agravian y lastiman, es para el PRI, tarea fundamental del Estado.

    Por ello, el PRI se pronuncia, enfáticamente, por erradicar la subcultura de la ilegalidad y, en particular, se compromete a luchar por todos los medios legales y políticos posibles contra la impunidad y la corrupción, e impulsará el fortalecimiento del Estado de derecho y de las instituciones de prevención, persecución y administración de justicia.

Una tendencia garantista para respaldar los Derechos Humanos debe corresponderse con una realidad que así lo consigne.

La ciudadanía tiene el derecho a hacer efectivo el acceso y disfrute de sus derechos; lo contrario significa su inhibición y sometimiento. El PRI se pronuncia a favor de lo primero y rotundamente rechaza lo segundo.

Es imprescindible para el PRI construir una cultura, una vida pública, es decir una República que se afirme en la legalidad, la honestidad, la rendición de cuentas, la transparencia, y la responsabilidad como principales fuentes de legitimidad.

43. La ciudadanía no cesa de producir cambios que de forma integral impactan los ámbitos social, económico, político y cultural. Ese impulso es uno de los motores para la actualización y transformación de nuestro régimen democrático. El Partido asume como uno de los más importantes desafíos el de ser vanguardia y ejercer un liderazgo en ese proceso, que perfila una ciudadanía de carácter integral.

44. Nos pronunciamos por una sociedad que sustente su libertad y desarrollo en derechos efectivos que son la vía para la justicia social, y la igualdad sustantiva del cual se derive un sistema de vida generador de justicia en las oportunidades, para que todas y todos accedan al bienestar pleno y al ejercicio de sus capacidades en favor de un desarrollo sostenible, compartido y solidario, que impulse la construcción de la cultura democrática.

Queremos una ciudadanía sustentada en el empoderamiento económico de hombres y mujeres, basada en la igualdad económica, política, social y de género.

45. Estamos a favor de una ciudadanía plena, fundada en valores de tolerancia y fraternidad, que se reconozca en su riqueza pluriétnica y pluricultural, que exija la aplicación de acciones afirmativas y políticas públicas que impidan que las diferencias de razas, género, diversidad sexual, edad, cultura, religión, condición de discapacidad, origen o condición económica, política y social se traduzcan en desigualdad, injusticia o motivo de discriminación. Promovemos la cohesión de la sociedad, el sano esparcimiento y el bienestar subjetivo.

46. Nos reiteramos a favor de una ciudadanía que reconozca y apoye a los adultos mayores, personas con discapacidad, indígenas, migrantes y grupos en situación de vulnerabilidad, o grupos de personas que se encuentran en cualquier tipo de desventaja, con acciones afirmativas y políticas públicas con perspectiva de género. Nos pronunciamos por una sociedad que respete, proteja y defienda los Derechos Humanos y de los pueblos y comunidades indígenas, por una sociedad que vele por el sano desenvolvimiento y desarrollo de niñas y niños adolescentes.

    Asumimos el compromiso de garantizar la mejora en el bienestar de la familia y su desarrollo humano.

47. Nos pronunciamos por una sociedad en donde la igualdad sustantiva y la paridad de género sean una realidad, que contribuya al establecimiento de una cultura de respeto e inclusión entre los hombres y las mujeres, donde todas las personas puedan gozar de los mismos derechos fundamentales y posibilidades de progreso personal y profesional y contribuir al desarrollo del país.

48. La juventud mexicana representa la fuerza de la transformación del país. Por ello, remover los obstáculos que

limitan el acceso de las y los jóvenes al ejercicio pleno de sus libertades y derechos, es un compromiso de la mayor prioridad para el sano desarrollo de la Nación. Sólo una sociedad abierta e incluyente que apuesta a la formación integral y al despliegue del potencial y talento de las nuevas generaciones, es capaz de transformarse en beneficio de todos sus habitantes.

Con las y los jóvenes, asumimos el compromiso de ampliar las oportunidades para su desarrollo en todos los órdenes de la vida nacional e internacional, para que emprendan y lleven a cabo proyectos sustentables, sociales y tecnológicos, para que se propicie su participación social y política y dispongan de espacios reales en ámbitos de toma de decisión, buscando en todo momento un México más próspero para las futuras generaciones.

49. Promovemos una ciudadanía sustentada en la libertad, en el respeto a los Derechos Humanos, la justicia y el derecho a decidir el rumbo de la Nación a través de una democracia efectiva; de la participación social en la toma de decisiones, del referéndum, del plebiscito, de la iniciativa popular, de la transparencia, de la rendición de cuentas y del acceso a la información pública.
50. Reconocemos la libertad de conciencia de las personas, la libertad de asociación y la libertad de expresión, de manifestación, tránsito, ocupación, profesión, empresa, comercio, pensamiento, creencias, de iniciativa, imprenta, cátedra, para fundar sociedades conyugales o para disolverlas como valores y activos fundamentales de la convivencia social.

D. *Entorno Mundial*

51. Somos un Partido responsable y de valores nacionalistas que concibe a nuestra soberanía como el fundamento estratégico para influir en el proceso de globalización y para orientar la política exterior de México.
52. El PRI reivindica la tradición de una política internacional de principios y postula reiteradamente su compromiso de apoyar la paz, de abogar por la solución pacífica de las controversias y de exigir que se mantenga un diálogo soberano y digno con todas las naciones del mundo.
53. Los priistas nos pronunciamos por reforzar el papel de los organismos multilaterales, para evitar la preeminencia de las políticas unilaterales, que basadas en la fuerza y no en el derecho, dañan los principios de democracia, paz y cooperación que deben prevalecer en la comunidad internacional. El PRI, reconoce los instrumentos internacionales que consagran la paridad de género. México debe asumir una participación comprometida en la discusión de las políticas internacionales, en la construcción de la economía global, atendiendo asimetrías e injusticias.

    Luchamos por la equidad en los mercados internacionales y el equilibrio en los tratados de libre comercio como medios para el fortalecimiento del país y de sus capacidades productivas.
54. Estamos comprometidos con la promoción y protección de los Derechos Humanos de todas aquellas personas migrantes que ingresan a nuestro territorio, independientemente de su situación migratoria, en especial de mujeres, niñas, niños y adolescentes que llegan a nuestro país, huyendo de la violencia e inseguridad en sus países

de origen, en busca de nuevas oportunidades. Nos pronunciamos por la activa defensa de los derechos de las y los mexicanos en el exterior, de los derechos humanos y laborales de las personas migrantes y en la superación de los modelos de desarrollo Norte-Sur que, en su desigualdad, estimulan los procesos migratorios.

55. El proceso de mundialización al que aspiramos ha de estar fundado en un nuevo diálogo político de irrestricto respeto a la cultura de cada nación, nuevos criterios frente a la migración y una nueva voluntad global para transformar el conocimiento y las tecnologías en patrimonio común de todos los pueblos y de todos los hombres, lo mismo que el compromiso conjunto para cuidar la integridad del entorno ecológico que sustenta la vida en el planeta.

El México por el que hoy trabaja el PRI

El más grave error que puede cometer un partido es ignorar la crítica y prescindir de la autocrítica. Tenemos enfrente una realidad: la sociedad está reaccionando negativamente ante los partidos y hay que admitir que en muchas ocasiones les hemos dado buenas razones para ello.

México tiene que cambiar. Nuestro país necesita ideas inteligentes y convincentes, además de hechos contundentes, para atender los reclamos ciudadanos. La gente ha manifestado sus principales demandas y esto nos permite hacer un diagnóstico de las prioridades que México debe atender. Quienes nos dedicamos a la política debemos servirle a la ciudadanía para solucionar sus problemas.

De cara a la sociedad, el PRI ha propuesto la Agenda México 2030 que reonoce los rezagos más importantes que nos han sido transmitidos por ciudadanos de todas las entidades del país. Entre 2016 y 2017 el partido convocó a más de 45 reuniones en las distintas regiones del país. De ellas ha derivado el planteamiento de nueve temas que a continuación se sintetizan.

1. Combate a la corrupción y a la impunidad

Los mexicanos estamos hartos de las personas corruptas y de que éstas no reciban el castigo que se merecen. Estos males se registran de sexenios atrás en los distintos niveles de gobierno y en los gobiernos de los diferentes partidos. A los mexicanos nos ofende ver casos como los de Javier Duarte, Guillermo Padrés o el Señor de las Ligas. Esto no dignifica al país; todo lo contrario. Los corruptos deben terminar en la cárcel y el dinero robado debe devolverse al pueblo.

Para combatir la corrupción, es de alta prioridad que terminemos de edificar el nuevo Sistema Nacional Anticorrupción y los sistemas estatales anticorrupción creíbles y confiables. El PRI ha propuesto que sean ciudadanos de prestigio quienes encabecen, en todos los casos, los órganos anticorrupción.

Cada quien tiene que hacer su parte y en el PRI comenzamos por limpiar la casa con una serie de acciones precisas. El primer paso fue quitar los obstáculos que existían en los procedimientos internos de responsabilidad de militantes acusados de corrupción para expulsarlos del partido. La tarea no sólo debe ser correctiva sino también preventiva. Todos los escándalos de corrupción que hemos visto en

México, de todos los partidos, tienen un antecedente. Debimos actuar a tiempo.

Por ello, con base en un análisis de las mejores prácticas internacionales, creamos, al interior del PRI, una serie de instancias anticorrupción. El fin es revisar la trayectoria y el perfil curricular de quienes aspiren a ser nuestros candidatos. Postularemos así a personas honestas y preparadas para el cargo al que se presenten. Para todos los candidatos del PRI ya es obligatorio presentar, antes de su registro, su declaración patrimonial, de impuestos y de posible conflicto de interés. También se vigilarán los casos en que las instituciones del Estado mexicano identifiquen problemas en el ejercicio del gasto público. De esa forma tendremos un mecanismo que permita frenar a tiempo los casos de corrupción. Una nueva Comisión de Ética llamará a cuentas a nuestros funcionarios durante el ejercicio de sus funciones. La transparencia es una máxima para los servidores públicos y para toda aquella persona que participe en la política. No son admisibles la simulación y el engaño.

2. Más y mejores oportunidades
para las mujeres: a trabajo igual, salario igual

En México, ya tenemos un marco jurídico que promueve la equidad en las candidaturas entre hombres y mujeres, pero nos falta mucho por hacer. Toda mujer que decida participar en la vida pública debe hacerlo en condiciones de respeto, dignidad y con alta responsabilidad. Debemos eliminar la violencia política de género en el país.

El principio a trabajo igual, salario igual sigue siendo una asignatura pendiente en México. Muchas mujeres mexicanas encabezan a sus familias y requieren de recursos suficientes para poder sostenerlas. Es de elemental justicia que las mujeres ganen lo mismo (o más) que los hombres por el trabajo equitativo que hacen. No podemos tolerar la discriminación por motivos de género en ninguna actividad productiva del país.

3. Empleos bien remunerados

En menos de cinco años del gobierno de Enrique Peña Nieto se han creado tres millones de empleos. A partir de esta base firme se tienen que generar más trabajos justos y bien remunerados. Ésta es la mejor manera de reducir la desigualdad y terminar con la pobreza. Necesitamos construir soluciones concretas entre el sector privado y el público a favor de los mexicanos que lo único que esperan es una oportunidad para crear su propia historia de éxito. Las reformas estructurales que han sido impulsadas por el Presidente de la República han generado mayores oportunidades para el México del futuro. Es un piso firme que debemos de proteger como palanca para el desarrollo presente y futuro.

4. Estado de derecho y seguridad

Los mexicanos merecemos vivir en paz y con tranquilidad. Nada debe impedirnos tener espacios de paz y de convivencia para desarrollar nuestras actividades culturales, sociales y laborales. Tenemos como ejemplo los casos de éxito donde los índices de inseguridad han disminuido gracias al trabajo de personas honestas y gobiernos firmes. Para contribuir a resolver el problema México tiene que priorizar el fortalecimiento del Estado de derecho, empezando por el estricto apego a la ley por parte de todas las autoridades públicas. A partir de las propuestas ciudadanas que hemos recibido, los políticos tenemos que convocar a un diálogo muy abierto que involucre a las universidades, la sociedad civil, los medios de comunicación y los empresarios.

5. Más desarrollo en el campo mexicano

El 25% de los mexicanos viven en el y del campo. Claramente hay historias de éxito en distintos estados de la república que muestran el crecimiento en la capacidad de producción y desarrollo tecnológico del campo mexicano. Pero al mismo tiempo, en el campo se encuentran los ejemplos más dolorosos de marginación y de pobreza. El campo mexicano merece un mejor destino con el trabajo y el esfuerzo de todos.

6. Salud desde el nacimiento hasta la tercera edad

Necesitamos políticas sociales que permitan el correcto desarrollo de toda la niñez de nuestro país, porque en los primeros años de vida es cuando un ser humano alcanza su potencial intelectual, físico y emocional. Por otro lado, los índices de obesidad constituyen una preocupación muy clara. Si la obesidad no se combate con información, nuestra población en general vivirá menos años y muy probablemente con dolor. Es indispensable también fortalecer los servicios para la atención y para la prevención del cáncer, la diabetes y las adicciones. Urge atacar juntos estos problemas.

7. Energías renovables para el desarrollo nacional

En el aprovechamiento de las fuentes renovables de energía tenemos que pensar en las generaciones presentes y futuras. Debemos aprovechar los avances tecnológicos para convertir la fuerza del agua, del sol, del viento, del vapor del subsuelo y de los residuos orgánicos en potentes fuentes para el desarrollo compartido y el transporte de bienes y personas. Esto lo podemos hacer a precios más económicos y cuidando el medio ambiente: es una estrategia ganar-ganar.

8. Apoyo a personas con discapacidad

Otro doloroso pendiente de México es atender mejor las necesidades de la población con discapacidad. Hay que revisar y revalorar la normativa mexicana y proponer la instrumentación de nuevas acciones o, en su caso, el perfeccionamiento de las que ya se han impulsado. Recordemos que todos, nuestros padres, nuestros hijos y nosotros mismos, somos susceptibles de experimentar una discapacidad en el futuro.

9. Apoyo a los migrantes mexicanos

Nos hemos comprometido con los migrantes mexicanos y con sus familias; nos oponemos a la criminalización del migrante y a que las familias sean divididas. Los legisladores y el partido debemos estar más presentes que nunca. Hay que ejercer la diplomacia parlamentaria. Las líneas de acción son claras: rechazar la criminalización de los migrantes; proteger los derechos humanos de nuestros connacionales;

proteger el envío de las remesas, y defender los beneficios que las relaciones comerciales con otros países dan a millones de familias mexicanas.

Éstos son nueve temas que el PRI ha recogido durante el último año, y que han derivado de las preocupaciones y las necesidades que nos han expresado militantes, simpatizantes y ciudadanos apartidistas. No son los únicos problemas que enfrenta nuestro país, pero son temas de extrema relevancia en cuya solución el PRI trabaja a fin de que los legisladores y gobernantes emanados de nuestras filas puedan servirle mejor a la sociedad mexicana.

El Partido Revolucionario Institucional escucha a la ciudadanía, toma en cuenta sus ideas y responde con acciones puntuales. Un ejemplo reciente lo vimos ante la tragedia producida por los terremotos de septiembre de 2017.

La sociedad civil se pronunció de manera muy clara para que los partidos políticos cedieran su financiamiento público en beneficio de los damnificados y del proceso de reconstrucción. Todos los partidos aceptaron, en el discurso, la propuesta ciudadana.

El PRI diseñó un mecanismo legal para hacer realidad esa aportación. Con este esquema, el Partido Revolucionario Institucional renunció a 258 millones de pesos de su presupuesto público, es decir, 100% de los recursos que recibiría en el último trimestre de 2017.

El dinero público le pertenece al pueblo, y el pueblo dijo que éste se destinara a la reconstrucción nacional. La medida tomada por el PRI permite que el apoyo se destine de manera oportuna y apartidista a los afectados por los sismos en Chiapas, Oaxaca, Ciudad de México, Estado de México, Guerrero, Morelos, Puebla y Tlaxcala.

El PRI es el partido que propone y que transforma las propuestas en acción. A la fecha de edición de este libro, la mayor parte de los partidos –PAN, PRD y Morena, entre ellos– han incumplido su promesa.

El PRI sí cumplió.

El lenguaje de los hechos

Logros del PRI en el siglo XX

¿Cómo se ha aplicado el ideario del PRI en la vida pública de México? ¿Qué resultados ha dado para el país? Las ideas, medidas y políticas que desde su creación ha puesto en marcha el Partido Revolucionario Institucional han respondido a su ideología y al pensamiento social más avanzado de cada época. Los gobiernos del PRI lograron transformar a México e insertarlo en la categoría de una nación moderna y democrática, así como en una potencia en la región latinoamericana.

En las cuatro décadas que siguieron a la fundación del partido, los gobiernos emanados de sus filas lograron que México alcanzara altas tasas de crecimiento económico. La estabilidad política y económica hizo posible el periodo que internacionalmente es conocido como el milagro mexicano.

El PRI ha atendido las causas más justas, derivadas de la Revolución mexicana. Dio inicio al reparto agrario y a una efectiva defensa de los derechos laborales. En apego a su ideario, las grandes aportaciones que el PRI ha tenido para el bien de México son un hecho, no una opinión. La historia no miente. Como lo hemos abordado a lo largo de esta obra: el PRI fue el partido que dio estabilidad y progreso a la nación mexicana.

El prestigiado politólogo Samuel P. Huntington lo dijo así: "Es posible que el ejemplo más notable de construcción de instituciones políticas realizada por generales sea el de México, donde, a finales de la década de 1920, Calles y los otros jefes militares de la revolución crearon el Partido Revolucionario Institucional e institucionalizaron la revolución".[10] Y añade: "El sistema producido por la revolución dio a México estabilidad política, identificación popular con el gobierno, reforma social y desarrollo económico sin paralelo en la historia anterior del país, y únicos en América Latina".[11]

En efecto, el PRI cimentó el edificio que hoy llamamos el México moderno. Bajo el ideario social de la Revolución mexicana, el PRI es responsable de haber dotado a México de una infraestructura de educación pública. Del 61% de analfabetismo que había en 1930, hemos llegado a tasas inferiores al 5.5% en la actualidad. En 1940, sólo 6 niños de cada 100 que ingresaban a la primaria llegaban al sexto año. Conforme a cifras estadísticas de la SEP, en 2016 la deserción en educación primaria fue de sólo 0.5%.

Al PRI se debe también la construcción de un sistema de seguridad social que perdura hasta el día de hoy con millones de familias beneficiarias. La esperanza de vida aumentó de 34 años en 1930 a 75 años en 2016.

En 1940, de las más de 3.8 millones de casas que existían, apenas 6.7% (260 228 casas) disfrutaban de agua potable

---

[10] Samuel Huntington, *El orden político en las sociedades en cambio*, Barcelona, Paidós, 1996, p. 249.
[11] *Ibidem*, p. 312.

y drenaje. En 2015, de acuerdo con la Encuesta Intercensal del Inegi, 92% (110 millones) de la población cuenta con estos servicios.

Este partido es también el responsable de haber comunicado al país por vías carreteras, puertos, aeropuertos, satélites y red digital. También es responsable de la expropiación petrolera y de llevar la energía y los combustibles a prácticamente todos los rincones del país de manera cotidiana. En 1937, México tenía 18.3 millones de habitantes, de los cuales, únicamente siete millones contaban con energía eléctrica, lo que equivalía a 38%. En 2016 tenían energía eléctrica 122 millones de habitantes en México, es decir, 98.6% de la población (Consejo Nacional de Población).

Desde la Reforma Política de 1977, con la brillante labor de don Jesús Reyes Heroles, propiciamos el pluralismo democrático. Las reformas y las instituciones electorales de la década de los noventa fueron impulsadas también por el PRI. Al impulso del partido se debe la creación y la autonomía de instituciones indispensables en el México moderno, como el Banco de México, el Instituto Federal Electoral o la Comisión Nacional de los Derechos Humanos.

El PRI ha sido el gran impulsor de la participación de las mujeres en la política, desde el voto femenino en 1953 hasta la paridad de género en la postulación de candidaturas en 2014. El PRI también es responsable de la dignidad diplomática y de la respetabilidad internacional que tiene este país. Es responsable de haber enlazado a México en el comercio con otras naciones. En palabras de Isidro Fabela: "Respetar a los demás países, nos hizo obtener el respeto de todos".

El doctor Cesar Camacho, expresidente nacional del PRI, sintetiza con acierto el trabajo del partido a lo largo de todos estos años: "Los gobiernos priistas recuperaron la industria petrolera, electrificaron al país entero, expandieron la educación pública y consolidaron nuestro potencial exportador; han promovido los derechos humanos y acentuado la transparencia. Incrementaron el prestigio internacional del país y casi triplicaron la esperanza de vida".[12]

Éstos son sólo algunos de los logros que durante el siglo pasado el PRI alcanzó para el bien de nuestro país. Todos ellos constituyen un orgullo para el priismo y son la plataforma de experiencia al servicio de México que nos permite seguir transformando al país en el siglo actual.

Logros del PRI en el siglo XXI

El primero de diciembre del año 2000 terminó una etapa en la trayectoria política del PRI: por primera vez tuvo que verse a sí mismo como un partido de oposición. La alternancia en el poder significó, por supuesto, un duro golpe electoral para el partido, pero, por otro lado, abrió la posibilidad para la reflexión profunda sobre los errores que habíamos cometido. Esta derrota estimuló el espíritu crítico, autocrítico y propositivo del PRI. En ese sentido, la militancia priista asumió la responsabilidad de revisarse, autoanalizarse y evaluar su nueva función a la luz de la alternancia. El PRI demostró con ello su capacidad de adaptarse a los nuevos tiempos. Actualizó y fortaleció su ideario en las asambleas nacionales que se celebraban sin que el Presidente de la

---

[12] Comité Ejecutivo Nacional del Partido Revolucionario Institucional, *Partido Revolucionario Institucional 85 años transformando a México 1929-2014*, México, PRI, 2014, p. 15.

República fuera uno de los suyos. Siguió compitiendo electoralmente con la misma determinación de siempre.

En congruencia con su ideario, el PRI ha reconocido siempre los triunfos democráticos de los demás partidos políticos. Y muestra de eso fue que en el año 2000 contribuyó con todos los medios a su alcance para que la transición entre un gobierno y otro se diera en las mejores condiciones. Otras fuerzas políticas, cuando el resultado electoral no les favorece, desconocen las elecciones y apuestan por la ruptura institucional. No así el PRI, pues entiende que en la democracia nadie gana y nadie pierde para siempre.

La militancia priista nunca bajó los brazos. Continuó trabajando. Siguió proponiendo. Se mantuvo sensible a los problemas nacionales. Lejos de ignorar los errores del pasado, los priistas buscaron la innovación y el fortalecimiento de sus principios. Actualizaron su propuesta de país y mejoraron su organización política. Tan solo tres años después de la derrota electoral del 2000, el PRI recuperó la mayoría en ambas cámaras del Congreso.

Durante los 12 años en que el Partido Acción Nacional (PAN) gobernó, el PRI le demostró a la ciudadanía ser una oposición seria y responsable. Ciertamente, asumió una posición crítica y de contrapeso hacia el gobierno. Se opuso cuando sus convicciones partidistas así lo exigían. Pero los legisladores del PRI siempre se condujeron con un ánimo constructivo, colaborando para aprobar iniciativas y políticas públicas que fueran beneficiosas para México.

Finalmente, en 2012, el PRI reconquistó la confianza de la ciudadanía mexicana en la elección presidencial que le dio el triunfo a Enrique Peña Nieto. Ese mismo año el partido logró la mayoría en la Cámara de Diputados y en el Senado de la República, lo cual se refrendó en la elección federal intermedia de 2015.

Como lo sostiene el académico Francisco Reveles, el PRI recuperó la presidencia del país gracias a que: *1)* supo cómo organizarse y dirigirse sin la figura del Presidente de la República; *2)* encontró un nuevo equilibrio entre dirigentes, gobernantes y legisladores; *3)* reestructuró su organización a partir de las regiones; *4)* vigorizó su ideología como partido de oposición; *5)* se transparentó ante la ciudadanía y la militancia, y *6)* entendió su actuar dentro de un sistema multipartidista.[13]

El Pacto por México

En el año 2012, al recuperar la Presidencia de la República, comenzó una nueva etapa para el Partido Revolucionario Institucional al frente del Ejecutivo Federal. Una de las primeras acciones del actual gobierno de México fue combatir la falta de acuerdos legislativos que sirvieran al interés nacional y no al interés partidista. Si bien el PRI fue el partido que más espacios obtuvo en la legislatura del Congreso Federal, ninguna fuerza política tenía suficientes legisladores para aprobar reformas por sí sola.

En ese contexto, el 2 de diciembre de 2012 se logró un hecho sin precedentes: hubo un liderazgo capaz de unir a distintos partidos que tenían una importante presencia en

---

[13] Véase Francisco Reveles Vázquez, "Partido Revolucionario Institucional: crisis y refundación", en *Partido Revolucionario Institucional: Crisis y refundación*, México, Gernika/UNAM, Facultad de Ciencias Políticas y Sociales, 2003, pp. 33-38.

el Congreso Federal para aprobar las reformas que México había postergado por años y en algunos casos por décadas. El Pacto por México fue una iniciativa del gobierno federal que guió a esas fuerzas políticas diversas para que dejaran de lado las diferencias y se concentraran en sus coincidencias a favor del país.

El Pacto por México reflejó una clara correspondencia con las propuestas y los compromisos de campaña de Enrique Peña Nieto, bajo cinco ejes temáticos:

1. Economía y empleo.
2. Gobernabilidad democrática.
3. Seguridad y justicia.
4. Sociedad de derechos.
5. Transparencia y combate a la corrupción.

Estas líneas implicaban un diagnóstico de aquello que hacía falta para sacar adelante al país en las décadas por venir. La necesidad principal se enfocaba en lograr reformas estructurales en rubros estratégicos de la vida nacional.

El Pacto por México logró configurar un sólido bloque legislativo integrado por el Partido Revolucionario Institucional (PRI), el Partido Acción Nacional (PAN), el Partido de la Revolución Democrática (PRD) y el Partido Verde Ecologista de México (PVEM). Esta inédita fórmula de consenso y de abierto debate constructivo dio cauce a transformaciones que ya benefician a México y que lo seguirán haciendo para las futuras generaciones de mexicanas y de mexicanos.

Las reformas estructurales

Desde que inició su gobierno, el Presidente Enrique Peña Nieto afirmó que su proyecto de transformación para el país se centraría en una serie de cambios estructurales para elevar la productividad, ampliar los derechos, afianzar el régimen democrático y llevar a México a su máximo potencial.

Peña Nieto cumplió. Son 13 las reformas que se han aprobado en el transcurso de su administración. Todas ellas son acciones concretas que responden al ideario que bajo el que se conduce el PRI y que contribuyen directamente a que las familias mexicanas vivan mejor. Veamos algunos de los rasgos más significativos de cada una de estas grandes transformaciones.

1. Reforma educativa

A partir de la nueva legislación, las plazas para ser maestro se obtienen con méritos, preparación y conocimientos. Se aprobó un modelo educativo a la altura de los más avanzados del mundo, para que los niños y jóvenes puedan construir mejor su propia historia de éxito.

La nueva plataforma educativa incentiva la mejora continua del profesorado a través del Servicio Profesional Docente con salarios más altos para los maestros mejor evaluados. Se ha logrado un incremento salarial de 35% a docentes de educación básica con desempeño destacado, 41% a maestros con desempeño bueno en zonas de alta pobreza, y entre 24 y 27% a profesores de educación media superior.

Gracias a la reforma educativa se invertirán 50 mil millones de pesos en Certificados de Infraestructura Educativa

Nacional (CIEN) para mejorar las escuelas en todo el país y que éstas sean de la calidad que merecen nuestros niños.

Con el plan Escuela al Centro se colocó al alumno y a la escuela en el centro de toda la política educativa con la idea de cambiar la organización de las escuelas; y con el programa Escuelas de Tiempo Completo, que procura la ampliación y uso eficaz de la jornada escolar, se propuso beneficiar a más de 3.5 millones de alumnos en el año escolar 2015-2016.

2. Reforma energética

Petróleos Mexicanos (Pemex) y la Comisión Federal de Electricidad (CFE) ahora deben competir junto con otras nuevas empresas dentro de una industria abierta, en donde los precios los establece el mercado; hay que recordar que antes estas dos empresas eran monopolios estatales y fijaban precios arbitrarios. Al ser, Pemex y CFE, empresas productivas del Estado operan bajo un nuevo marco que les permite establecer alianzas tecnológicas y financieras, lo que ha traído más inversión pública y privada, nacional y extranjera.

La participación de más empresas en el nuevo mercado eléctrico mayorista fomenta precios más competitivos; este beneficio se vio reflejado en la disminución de hasta 12% en tarifas eléctricas industriales, 3% en tarifas comerciales y 4% en domésticas. A causa de la reforma, nuevas empresas generan energía a partir de fuentes limpias, como la eólica, la geotérmica, la hidroeléctrica y la solar; esto ha propiciado que más de 20% de la energía que hoy se utiliza provenga de fuentes limpias.

3. Reforma en telecomunicaciones

Con esta reforma se creó un nuevo marco institucional a favor de la competencia y los usuarios, al conformarse el Instituto Federal de Telecomunicaciones (IFT), al que se le otorgó autonomía para promover mayor competencia y nuevas inversiones. Con ello se ha logrado una inversión de más de 164 mil millones de pesos en el sector.

De esta forma, se han alentado servicios de mayor calidad y menores precios. Terminó la época en que pocas empresas acaparaban a la gran mayoría de los usuarios. Además, se logró que las tarifas de larga distancia internacional se redujeran 41%, las de telefonía móvil, 40%, y las de telefonía local fija, 4.4%. Se eliminó también el cobro de larga distancia y roaming nacional.

Al mismo tiempo se reconocieron y fortalecieron nuevos derechos constitucionales, como el derecho a la información, el acceso a las tecnologías de información y comunicación, y a los servicios de radiodifusión y telecomunicaciones, incluida la banda ancha e internet.

4. Reforma hacendaria

La finalidad de esta reforma fue crear un sistema tributario más simple y amigable, pues se eliminó el impuesto empresarial a tasa única y el impuesto a depósitos en efectivo. Así, se han logrado revertir los niveles de recaudación de impuestos que han sido históricamente bajos, alcanzando un máximo de recaudación tributaria del 13% del PIB en 2015, 4.6% más que en 2012.

El sistema tributario ahora es más justo y equitativo; se acabaron los tratos excepcionales, para que paguen más los que más ganan. Se eliminó el IVA preferencial de 11% en la frontera; además, no se cobra IVA a alimentos ni medicinas, compra y renta de vivienda, ni colegiaturas.

Gracias al Nuevo Régimen de Incorporación Fiscal y a la Estrategia Crezcamos Juntos, en noviembre de 2016 aumentó a 17.3 millones el número de nuevos contribuyentes, 45.2% más que en noviembre de 2012.

Además, se redujo la gran dependencia a los recursos petroleros que tenían los ingresos públicos del país; con lo cual ha sido posible enfrentar la caída en los precios internacionales del petróleo, lo que ha afectado gravemente a otras naciones.

5. Reforma en materia de competencia económica

Con ella se fortalecieron las instituciones nacionales para tener mercados más competitivos. Se creó la Comisión Federal de Competencia Económica (Cofece), como un órgano constitucional autónomo para combatir las prácticas monopólicas y anticompetitivas, las cuales afectaban sobre todo a los consumidores de menores ingresos. Se ampliaron y endurecieron las sanciones con hasta 10% de los ingresos anuales y ahora existe la posibilidad de imponer sanciones penales.

Según el reporte de competitividad del Foro Económico Mundial, en los últimos cuatro años, México avanzó 57 lugares en efectividad de la política de competencia económica, pasando del sitio 115 al 58. En el indicador de extensión del dominio de mercado hubo un avance de 25 lugares, del 113 al 88. México también ganó 18 puestos a favor en el indicador intensidad de la competencia local, avanzando del 75 al 57.

6. Reforma financiera

La reforma financiera facilitó el acceso de nuevas instituciones financieras al mercado, con lo cual se generó mayor competencia y menores tasas de interés. Se crearon incentivos para aumentar el crédito, disminuyendo así las tasas para empresas en un 0.3%, para consumo, 3.2%, en créditos hipotecarios, 1%, y en créditos personales, 12.3%. Con esto se ha incrementado el nivel de crédito y el ahorro financiero interno. Se han mejorado también las condiciones en que se brindan los servicios financieros y se han fortalecido los derechos de los usuarios, ya que antes no había una clara protección para ellos.

Además, se redefinió el mandato de la Banca de Desarrollo, con lo que se facilitó su desempeño en sectores estratégicos: jóvenes, mujeres, campo, ciencia y tecnología, vivienda e infraestructura. Con esto, el saldo de crédito impulsado por la banca alcanzó 1.62 billones de pesos, lo que significa un 47% de incremento entre 2013 y 2016.

7. Reforma laboral

La defensa de los derechos de los trabajadores ha sido uno de los ejes fundamentales del PRI desde su origen. Con esta reforma, el mercado laboral tiene ahora modalidades más flexibles de contratación: contratos a prueba, contratos de capacitación inicial y por hora, principalmente a favor de mujeres y de jóvenes.

No hay más limitación al crecimiento y a la competitividad económica; ahora, la Ley Federal del Trabajo vincula la capacitación, la productividad y los ascensos para puestos vacantes. Se fortaleció la protección de derechos laborales y se regularon otras formas de contratación, como la subcontratación o el outsourcing. Se modernizó y se agilizó la justicia laboral, favoreciendo la transparencia, la democracia y la libertad sindical.

En los cinco años del gobierno de Enrique Peña Nieto se han creado tres millones de nuevos empleos formales. Gracias a la reforma laboral, la tasa de informalidad laboral se ha reducido en más de dos puntos porcentuales. Además, la tasa de desempleo registrada en diciembre de 2016 es la menor desde hace ocho años.

8. Ley de Disciplina Financiera de las entidades federativas y los municipios

Con esta nueva ley se crearon reglas más estrictas en temas de presupuesto, endeudamiento y transparencia presupuestaria; con ellas se limita la capacidad de deuda de los gobiernos locales para prevenir el acelerado endeudamiento que había caracterizado a muchas entidades federativas y municipios. Para ese propósito se limitó el uso de las participaciones federales para pagar deudas. Se prohibió utilizar deuda para cubrir gasto corriente y se obligó a publicitar la totalidad de empréstitos y obligaciones de pago en un registro público único. Las legislaturas locales son responsables de autorizar los montos máximos de deuda y se establecen sanciones para servidores públicos por incumplimiento de las disposiciones en esta materia.

9. Reforma político-electoral

A partir del siguiente sexenio, el Presidente de la República tendrá la facultad de formar gobiernos de coalición, concretando alianzas y generando así una mayor gobernabilidad.

Se logró la paridad de género en la postulación de candidaturas: 50% mujeres y 50% hombres. También se legisló en materia de candidaturas independientes a fin de que cualquier ciudadano pueda postularse a un cargo de elección popular por una vía no partidista.

La reforma también reforzó la participación ciudadana. Se establecieron las reglas con las que funciona la democracia participativa en México, es decir, los mecanismos para que la ciudadanía colabore directamente en decisiones públicas, en particular, mediante la consulta popular y la iniciativa ciudadana. Asimismo, se creó una nueva institución para la organización de las elecciones: el Instituto Nacional Electoral (INE, heredero del IFE), que ahora, además de sus atribuciones a nivel federal, puede organizar elecciones en cualquier entidad en los casos en que la ley lo prevea. También se fortaleció la fiscalización de los recursos de los partidos con la posibilidad de que la autoridad electoral ejerza vigilancia durante las campañas.

A su vez, esta reforma determinó la creación de la Fiscalía General de la República con autonomía constitucional, con lo cual la investigación de los delitos dejará de ser una facultad adscrita al Poder Ejecutivo. También tendrá plena autonomía respecto a los poderes federales la Fiscalía Especializada para la Atención de Delitos Electorales (Fepade).

Por último, los mexicanos residentes en el extranjero ya tienen la posibilidad de votar para presidente, senadores, gobernadores y jefe de gobierno de la Ciudad de México.

10. Reforma en transparencia

Con esta reforma se creó el Sistema Nacional de Transparencia, Acceso a la Información Pública y Protección de Datos Personales, el cual obliga a entes públicos y privados a transparentar sus operaciones cuando estén de por medio recursos públicos. Con ella se fortalece también el respeto a los derechos de acceso a la información y de protección de datos personales.

Además, se creó, como órgano autónomo, el Instituto Nacional de Transparencia, Acceso a la Información y Protección de Datos Personales (Inai). Las resoluciones de esta institución tienen carácter obligatorio, definitivo e inatacable. Los procesos para ejercer el derecho de acceso a la información son más sencillos y los plazos más cortos.

11. Reforma en materia de anticorrupción

Con esta reforma se crean el Sistema Nacional Anticorrupción, la Fiscalía Anticorrupción, las salas especializadas y los sistemas locales anticorrupción. El nuevo Tribunal Federal de Justicia Administrativa tiene atribuciones para sancionar tanto a servidores públicos como a particulares.

Otra de las características importantes de esta reforma es la aparición de un Sistema Nacional de Fiscalización, el cual funcionará a partir de la articulación y el fortalecimiento de las facultades de la Auditoría Superior de la Federación y del Tribunal Federal de Justicia Administrativa.

La nueva legislación también prevé la existencia de órganos internos de control dentro de todos los entes públicos, en todos los ámbitos y poderes. También se creó un Comité de Participación Ciudadana integrado por personas de intachable prestigio y honorabilidad, cuya función es establecer las bases para articular la política nacional anticorrupción.

12. Código Nacional de Procedimientos Penales

Gracias a este nuevo Código se homologaron los órganos, instancias y procedimientos penales, lo que permite transitar a un nuevo sistema de justicia penal, oral y público que mejora y agiliza los juicios. La oralidad y los mecanismos alternativos de solución de controversias reducen los tiempos de 400 días a entre 27 y 78. Ahora existe mayor transparencia, ya que todas las audiencias deben celebrarse ante la presencia del juez, del defensor y del ministerio público. Además, se amplió la protección a la víctima del delito y se garantiza la reparación del daño.

13. Nueva Ley de Amparo

Con la nueva legislación se fortaleció el juicio de amparo como mecanismo de protección de los derechos humanos. Ahora el amparo procede contra leyes o actos de la autoridad que violen los instrumentos internacionales que ha ratificado México en la materia.

Con la Declaratoria General de Inconstitucionalidad, el amparo contra leyes no solamente tiene efectos sobre la persona que lo solicita, sino también sobre todas las personas que se encuentren en la misma situación. Ahora se puede tramitar el juicio de amparo en contra de particulares, que violen derechos humanos al realizar actos equivalentes a los de una autoridad, y no sólo contra actos de entes gubernamentales.

Otros logros del gobierno priista en funciones

En el PRI del siglo XXI, además de los beneficios que las reformas estructurales han traído al país, la administración del Presidente Enrique Peña Nieto ha alcanzado otros logros como los siguientes:

- En 2010, México tenía un promedio de escolaridad de 8.6 años. Para 2015, la población alcanzó los 9.2 años, lo que representa un incremento de 7%. Actualmente, existe sólo 5% de analfabetismo en todo el país, si lo comparamos con el 6.9% que existía en 2010. Como dato relevante, en 1929, cuando se fundó el PNR, el porcentaje de analfabetismo en el país era de 61 por ciento.
- Al inicio de la administración actual, México se encontraba en el lugar número 13 del ranking de la Organización Mundial de Turismo. En 2017, México ocupa el octavo lugar, recibiendo 35 millones de turistas, lo que representa un aumento de cerca de 50% más que en 2012.

- El gobierno mexicano logró un superávit de 142 millones de pesos en sus finanzas del primer semestre de 2017, tras 9 años de presentar un déficit.
- Para mediados de 2017, Petróleos Mexicanos registró utilidades por tercer semestre consecutivo, algo que no se veía desde hace 11 años.
- De 2013 a 2016, México tuvo un crecimiento acumulado del PIB de 8.8%, casi el doble que en el mismo periodo de la administración anterior. Durante el primer semestre de 2017, México captó 15 645 millones de dólares de inversión extranjera directa, el nivel máximo histórico de inversiones foráneas.
- En el primer semestre de 2017 se registró el mayor flujo de remesas hacia México: 14 mil millones de dólares.
- Las exportaciones han aumentado 37%, respecto al mismo periodo de la administración anterior. Éstas alcanzaron un monto histórico de 197 529 millones de dólares en los primeros seis meses de 2017. Además, México se coloca en el lugar número 12 a nivel mundial en exportaciones de alimentos.
- En materia de seguridad, de 2012 a 2015, los homicidios dolosos disminuyeron 21.7%, los secuestros, 25.7%, y las extorsiones, 30.7%. En 2015 y 2016, se registraron las tasas de delitos más bajas desde 1997. Las recomendaciones de la CNDH a autoridades federales han disminuido 30% (de 63 en 2012 a 44 en 2016).
- Se creó el Instituto Nacional del Emprendedor y en el periodo de 2013 a 2016 se apoyaron casi 74 mil nuevos proyectos. Se eliminó el costo promedio de 20 mil pesos que tenía que pagarse para crear una empresa formal; trámite que ahora es gratuito gracias a un nuevo

- régimen de asociación que permite hacerlo a través de internet.
- En materia de seguridad social había 54.8 millones de afiliados al Seguro Popular hasta 2016, dos millones más que en 2012; por su parte, se incorporaron al IMSS 6.7 millones de estudiantes, lo que representa 83 veces más que en un año promedio de la administración pasada. Se creó el Programa Seguro de Vida para Jefas de Familia, con 6.5 millones de beneficiarias. En 2017, el número de adultos mayores que reciben pensión es de 5.4 millones, lo cual representa 74% de incremento comparado con 2012.

Éstos son, pues, algunos de los logros alcanzados durante la administración del Presidente Enrique Peña Nieto, de quien los priistas nos sentimos profundamente orgullosos.

El PRI de hoy: la 22ª Asamblea Nacional

La Asamblea Nacional es el máximo órgano de decisión del partido y es la instancia responsable de modificar los documentos básicos del PRI. El 12 de agosto de 2017, el Partido Revolucionario Institucional celebró la sesión plenaria con la que culminó su 22ª Asamblea Nacional Ordinaria; en ella participaron más de 10 700 delegados priistas.

Durante tres meses de intenso trabajo partidario, se realizaron más de 3 050 asambleas y reuniones municipales y estatales, en los sectores y organizaciones, además de cinco mesas temáticas nacionales. En todos esos foros se registraron más de 390 mil participaciones.

Con el trabajo en equipo de todo el priismo nacional, se aprobaron las conclusiones para la modificación de los documentos básicos en cinco líneas fundamentales. A continuación se enlistan algunos de los elementos más sobresalientes de lo propuesto en las mesas temáticas y aprobado por el pleno de la Asamblea Nacional.

Ética y rendición de cuentas

1. El PRI creó un nuevo Código de Ética, que da respuesta a la lucha en contra de la corrupción y la impunidad.
2. Se fortaleció la Comisión de Justicia Partidaria con la finalidad de prevenir que un priista le falle a su partido y para sancionar oportunamente a quienes traicionen su ideario.
3. Para todas las candidatas y candidatos del PRI es obligatorio presentar, antes de su registro, su declaración patrimonial, de impuestos y de posible conflicto de interés.
4. Fue definido un nuevo procedimiento de rendición de cuentas. Creamos una nueva Comisión de Ética que llamará a cuentas a nuestros funcionarios durante el ejercicio de sus funciones.
5. Se fijó el objetivo de garantizar que el desempeño de todo gobernante que haya sido postulado por el PRI sea acorde a los documentos básicos y en estricto apego al Código de Ética Partidaria.

Declaración de principios

1. Se refrendó la identidad del PRI como un partido político socialdemócrata.
2. Compromiso del PRI para seguir siendo el protagonista de la transformación de México en el siglo XXI, manteniendo vigentes los valores de libertad, democracia, justicia social y soberanía.
3. Rechazo a cualquier forma de violencia hacia las mujeres. Se adoptó el compromiso de impulsar la participación equitativa y justa de las mujeres en el 50% de las candidaturas del partido.
4. Fortalecimiento de la defensa y protección de los derechos humanos de todas las personas.
5. Rechazo a cualquier expresión de discriminación por razones de género, preferencia sexual, origen étnico, discapacidad, o cualquier otro acto que lastime la libertad y la dignidad de las personas.

Visión de futuro en el PRI

1. Se colocó a la educación como el eje transversal de las políticas públicas en México. El PRI apoya que se inviertan mayores recursos para la infraestructura física educativa, y para la capacitación y salarios de las maestras y de los maestros.
2. Defensa firme a los derechos de los pueblos indígenas, trabajadores, obreros y campesinos del país; combate a la pobreza, la injusticia y la desigualdad.
3. Profundización de los gobiernos de coalición, con el fin de que, en su momento, el Presidente de la República

pueda firmar una alianza para asegurar la gobernabilidad democrática.
4. Impulso a la consolidación de un sector energético que produzca bienes y servicios de calidad y a precios competitivos. Un sector que reciba aún mayores inversiones y que genere más y mejores empleos.
5. Rechazo al populismo autoritario que empobrece a las familias y limita el ejercicio pleno de las libertades, el cual le ha hecho tanto daño a países como Venezuela y a otras naciones del mundo.

Programa de acción

1. El PRI habrá de apuntalar y profundizar los cambios estructurales impulsados por el Presidente de la República, Enrique Peña Nieto. Estableció un firme compromiso de pugnar por un México sin pobreza y con oportunidades para todos por igual.
2. Consolidación de un sistema de salud más integrado y eficiente, con servicios de calidad y una estrategia preventiva en contra del cáncer, la diabetes, la obesidad y las adicciones.
3. Lograr una seguridad pública efectiva y un sistema de justicia eficiente, a través de la profesionalización de las fuerzas de seguridad y una mejor coordinación entre los órdenes de gobierno.
4. En el plano internacional, el PRI se pronunció por reforzar las relaciones estratégicas de México en todo el mundo. De la misma forma, manifestó la importancia de renegociar los tratados comerciales con firmeza, anteponiendo los altos intereses de México para

lograr una efectiva política de Estado en favor de los derechos de los migrantes.
5. Total impulso a la región Sur-Sureste para que tenga mejores condiciones de desarrollo, promoviendo las zonas económicas exclusivas.

Estatutos

1. Se aprobó la propuesta de "1 de 3" para los jóvenes. Se concluyó que, si en nuestro país una de cada tres personas es joven, lo natural es que uno de cada tres candidatos sea joven también.
2. El partido procurará que a ningún género se le asignen preponderantemente candidaturas en distritos, municipios o demarcaciones territoriales donde se hubiesen obtenido los porcentajes de votación más bajos en el proceso electoral anterior.
3. Cualquier militante que haya llegado a un cargo de elección popular por la vía plurinominal, en la siguiente oportunidad deberá buscar el voto en tierra, es decir, como candidato por el principio de mayoría.
4. Ser un partido en permanente contacto con la sociedad. Promover gobiernos abiertos a la participación de los individuos, las comunidades y la sociedad civil organizada, en los procesos de toma de decisiones.
5. El PRI rompió los candados estatutarios para que ciudadanos simpatizantes –afines a nuestra ideología y programa–, puedan participar activamente enarbolando nuestras plataformas electorales.

Con la participación del priismo en todo el país, el partido puso al día su ideario para responder a las exigencias y aspiraciones de la sociedad mexicana en 2017. El PRI escuchó la voz no sólo de su militancia sino de la sociedad en su conjunto. En la 22ª Asamblea presentamos al país la mejor propuesta para solucionar los problemas con acciones concretas y para aprovechar las oportunidades de nuestro tiempo y del tiempo por venir.

En síntesis

El PRI es el partido de las grandes transformaciones de México. En un contexto de convulsión posrevolucionaria, el PRI se fundó en 1929 para ofrecer estabilidad a la nación y lo logró. México pasó de ser un país de caudillos a uno de instituciones. Gracias a ello, nuestra nación –a diferencia de la enorme mayoría de los países de América Latina– consiguió mantener la paz y la estabilidad constitucional. En el PRI seguimos trabajando para que este esfuerzo nunca se interrumpa.

Este partido es fiel a los principios de la Revolución mexicana que lo guían desde su nacimiento: libertad, democracia, justicia social y soberanía. El PRI construyó un sistema educativo público y gratuito, erigió un sistema de seguridad social a nivel nacional, llevó energía eléctrica a prácticamente todos los usuarios del país y extendió la esperanza de vida de las mujeres y de los hombres del campo y de la ciudad.

En su trayectoria histórica, ha sido un partido socialdemócrata que representa a los sectores más diversos de la colectividad mexicana. El PRI está abierto a la participación plena de la sociedad y encuentra sus pilares en los tres grandes sectores que lo conforman: el obrero, el campesino y el popular.

Desde su primera declaración de principios, fijó su compromiso con la participación creciente de las mujeres en la vida pública de México. En el siglo XXI sigue siendo el partido más avanzado en las políticas de equidad y de combate a la violencia política de género. El 50% de las candidaturas en todas las elecciones de 2018 será para las mujeres más capacitadas, más talentosas y con más determinación.

El PRI también ha creído firmemente en la renovación generacional. Los jóvenes han dado frescura y modernidad a los principios que desde hace 88 años llevaron a la fundación del partido más competitivo de la historia de México y de la actualidad. En nuestro país una de cada tres personas es joven; por ello la Asamblea Nacional del PRI ha resuelto que una de cada tres candidaturas será para jóvenes.

Es un partido que vela por el bienestar y la dignidad de las personas de la tercera edad. Reconoce el esfuerzo de una vida de trabajo en favor de México, y el valor de su experiencia y sabiduría. Que la pensión y la atención médica nunca falten, y que los servicios sean cada vez de mayor calidad y calidez.

El PRI es revolucionario no sólo porque defiende los principios de la Revolución mexicana, sino porque cree en la transformación permanente del país. Pero está convencido de que el avance político, económico y social sólo puede darse con respeto a las instituciones y las leyes. Por esa razón el PRI es un partido al mismo tiempo revolucionario e institucional.

La revolución de hoy es una revolución incluyente y cultural. La revolución de hoy es pacífica e intergeneracional.

La revolución de hoy es tecnológica y digital. La revolución de hoy combate la discriminación, se hace en las aulas y se impulsa con energías renovables. La revolución de hoy es integradora y reclama lo mejor de las mujeres, los jóvenes y los hombres de México.

El PRI ha aprendido siempre de sus errores y de sus aciertos. Es un partido crítico, autocrítico, propositivo y que convierte la propuesta en acción. En cada momento acredita sus palabras con hechos concretos. Eso explica su presencia nacional, estatal y municipal a lo largo del tiempo. Escuchamos todas las voces y tomamos tu opinión en cuenta.

Hacia el futuro, el Partido Revolucionario Institucional es una organización fuerte y vigorosa. Tiene la militancia más inteligente y numerosa del país, la cual se guía por las causas sociales que inspiran a su partido desde la convención constitutiva del PNR, hasta la 22ª Asamblea Nacional del PRI, celebrada en agosto de 2017.

El PRI es un partido constructivo, que se ocupa en que las políticas públicas den beneficios reales y directos para mejorar la capacidad económica de las familias mexicanas. Bajo el liderazgo del Presidente Enrique Peña Nieto, el PRI es el partido que ve hacia adelante y que genera las tranformaciones que benefician a las generaciones presentes y futuras.

Es un partido de puertas abiertas, que incluye a todas y a todos. Un partido que construye oportunidades y que trabaja cada día para que a México le vaya bien; para eliminar los privilegios, la corrupción y la impunidad.

Trabajamos para defender el patrimonio de las familias, que el esfuerzo de cada persona sea reconocido y que ganes más dinero por tu trabajo. Nos ocupamos por mejorar la seguridad de todos y lograr las condiciones de paz y de convivencia social que merece el país.

Como partido político, dedicamos nuestra energía en generar cada vez más empleos y que éstos sean de mejor calidad. En lo que va del gobierno del Presidente Peña Nieto, se han creado más de tres millones de empleos, mayor cifra en la historia durante un sexenio.

El PRI es hoy el partido mejor preparado para servir a México con la visión, el compromiso y la entrega que ha demostrado en 88 años de vida.

Todo esto constituye, orgullosamente, la identidad priista.

Fuentes de consulta

Colosio, Luis Donaldo, "Celebración del LXV aniversario del Partido Revolucionario Institucional frente al Monumento a la Revolución", en *Luis Donaldo Colosio, Discursos* [en línea], 6 de marzo de 1994, disponible en: <http://www.bibliotecas.tv/colosio/discursos/candidato06mar94.htm>.

Comité Ejecutivo Nacional del Partido Revolucionario Institucional, *Partido Revolucionario Institucional 85 años transformando a México 1929-2014*, México, PRI, 2014.

Huntington, Samuel, *El orden político en las sociedades en cambio*, Barcelona, Paidós, 1996.

Memoria Política de México, *1946 Pacto, Declaración de Principios y Programa del Partido Revolucionario Institucional* [en línea], 20 de enero de 1946, disponible en: <http://www.memoriapoliticademexico.org/Textos/6Revolucion/1946%20P-DP-PP-PRI.html>.

Palma, Samuel, "De la hegemonía a la competencia", en *Examen*, núm. 1, México, febrero de 2016, p. 249.

Partido Revolucionario Institucional, *Partido Nacional Revolucionario 1929. Instituciones y Reforma Social. Documentos Básicos* [en línea], 20 de enero de 1929, disponible en: <http://www.pri.org.mx/bancosecretarias/files/Archivos/Pdf/277-1-10_30_14.pdf>.

_____, *Partido de la Revolución Mexicana 1938. Por una Democracia de Trabajadores. Documentos Básicos* [en línea], marzo de 1938, disponible en: <http://www.pri.org.mx/bancosecretarias/files/Archivos/Pdf/278-1-10_34_06.pdf>.

Reveles Vázquez, Francisco, "Partido Revolucionario Institucional: crisis y refundación", en Francisco Reveles Vázquez (coord.), *Partido Revolucionario Institucional: Crisis y refundación*, México, Gernika/UNAM, Facultad de Ciencias Políticas y Sociales, 2003, pp. 33-38.

Riva Palacio López, Antonio, "El partido de la revolución mexicana. Crónica fundacional", en *Confluencia XXI*, núm. 18, México, julio-septiembre de 2012, pp. 10-19.

Lecturas complementarias

AA. VV., *Historia documental del Partido de la Revolución. PNR 1929-1932 (tomo I)*, México, Instituto de Capacitación Política del PRI, 1986.

Ángeles, Luis, *El PRI en el gobierno. El desarrollo de México 1930-2000*, México, Fundación Colosio, 2003.

Báez Silva, Carlos, *El Partido Revolucionario Institucional. Algunas notas sobre su pasado inmediato para su comprensión en un momento de reorientación. Los Años Recientes*, México, Red Convergencia, 2006.

Benítez, Fernando, *Lázaro Cárdenas y la Revolución mexicana*, México, Fondo de Cultura Económica, 1984.

Braham Herrera, Edgar y Catalina López Terrazas (coords.), *Reforma Educativa para Transformar a México*, México, Fundación Colosio (Cuadernillos temáticos para los Círculos de Debate, volumen 6), 2014.

Camacho Vargas, José Luis, "Historia e ideología del continuum PNR-PRM-PRI", en *Revista de Derecho Estasiológico. Ideología y Militancia*, año 1, núm. 2, México, UNAM, Facultad de Estudios Superiores Aragón, julio-diciembre de 2013, pp. 143-158.

Castro Galindo, Adrián, "Los Estudios sobre el PRI en el primer lustro del siglo XXI" [en línea], disponible en: <https://www.uaeh.edu.mx/investigacion/productos/5464/los_estudios__del_pri_en_el_primer_lustro_del_siglo_xxi.pdf>.

Colosio vive en la transformación de México, México, Fundación Colosio, 2014.

Cosío Villegas, Daniel, *Historia general de México*, México, El Colegio de México, 2008.

Chaires Ramírez, Enrique y Rosa H. Lam Estrada, "Las elecciones intermedias de 2009 y el reposicionamiento del Partido Revolucionario Institucional en México", en Reynoso Núñez, José y Herminio Sánchez de la Barquera (coords.), *La democracia en su contexto. Estudios en homenaje a Dieter Nohlen en su septuagésimo aniversario*, México, UNAM, Instituto de Investigaciones Jurídicas, 2009.

De la Madrid, Miguel, *Estudios de derecho constitucional*, México, Porrúa, 1986.

Documentos Básicos: Partido Revolucionario Institucional, México, Tribunal Electoral del Poder Judicial de la Federación, 2015.

Escalante Gonzalbo, Pablo, *Nueva historia mínima de México*, México, El Colegio de México, 2006.

Fuentes Díaz, Vicente, *Hagamos del PRI el partido más vigoroso y democrático del siglo XXI*, México, Fundación Mexicana Cambio XXI Luis Donaldo Colosio, 1994.

Furtak, Robert K., *"El Partido Revolucionario Institucional: integración nacional y movilización electoral"* [en línea], disponible en: <http://codex.colmex.mx:8991/

exlibris/aleph/a18_1/apache_media/PRF5GVVFIP-THQPIJ1R2EXPAXYHM4KM.pdf>.
González Compeán, Miguel y Leonardo Lomelí (coords.), *El Partido de la Revolución. Institución y conflicto*, México, Fondo de Cultura Económica, 2000.
González Manterola, Carlos, *Partido Revolucionario Institucional: 85 años transformando a México 1929-2014*, México, PRI/Comité Nacional Editorial y de Divulgación, 2014.
Hernández, Rogelio, *Historia mínima del PRI*, México, El Colegio de México, 2016.
Historia, presente y prospectiva del Partido Revolucionario Institucional, México, Fundación Colosio, 2014.
López Porfirio, Miguel, "El PRI: consolidación, pérdida y regreso al poder presidencial", en *Tlatemoani Revista Académica de Investigación*, España, núm. 16, agosto de 2014, pp. 223-248.
López Terrazas, Catalina y Jesús Silva Elizalde (coords.), *Reforma Político Electoral para transformar a México*, México, Fundación Colosio (Cuadernillos temáticos para los Círculos de Debate, volumen 7), 2014.
Macías Richard, Carlos, *Plutarco Elías Calles: pensamiento político y social. Antología (1913-1936)*, México, Fondo de Cultura Económica, 1988.
Mayorga Ríos, Alberto y Ricardo Navarrete Reyes (coords.), *Reforma energética para transformar a México*, México, Fundación Colosio (Cuadernillos temáticos para los Círculos de Debate, volumen 2), 2014.
Mirón Lince, Rosa María, "De la hegemonía a la oposición: el PRI y su cambio organizativo", en Rosa María Mirón Lince y Ricardo Espinoza Toledo (coords.), *Partidos*

políticos. Nuevos liderazgos y relaciones internas de autoridad, México, UAM/Asociación Mexicana de Estudios Parlamentarios/UNAM, Instituto de Investigaciones Jurídicas, 2004, pp. 123-154.

_____, "El Partido Revolucionario Institucional: recuperación electoral y recomposición organizativa en un escenario competitivo", en *El Cotidiano*, México, UAM, núm. 187, septiembre-octubre de 2014, pp. 137-150.

Navarrete Reyes, Ricardo y Edgar Braham Herrera (coords.), *Reforma en telecomunicaciones y competencia económica para transformar a México*, México, Fundación Colosio (Cuadernillos temáticos para los Círculos de Debate, volumen 5), 2014.

Ochoa Reza, Enrique, *Federalism, Democracy and Inequality: Mexico in Comparative Perspective* (tesis doctoral), Estados Unidos, Columbia University, 2008.

_____, "Multiple Arenas of Struggle: Federalism and Mexico's Transition to Democracy", en Gibson, Edward (coord.), *Federalism and Democracy in Latin America*, Estados Unidos, Johns Hopkins University Press, 2004, pp. 235-296.

Reyes Heroles, Jesús, *Obras completas*, México, Fondo de Cultura Económica, 1999.

Rivera Arce, Alfredo y Edgar Braham Herrera (coords.), *Reforma financiera para transformar a México*, México, Fundación Colosio (Cuadernillos temáticos para los Círculos de Debate, volumen 4), 2014.

_____, *Reforma hacendaria y presupuesto con sentido social para transformar a México*, México, Fundación Colosio (Cuadernillos temáticos para los Círculos de Debate, volumen 3), 2014.

Ruiz Massieu, José Francisco, *El proceso democrático de México*, México, Fondo de Cultura Económica, 1993.

Salinas de Gortari, Carlos, *México, un paso difícil a la modernidad*, México, Plaza y Janés, 2000.

Silva Triste, Fernando, *Breve historia de la socialdemocracia*, México, Miguel Ángel Porrúa, 2005.

Textos revolucionarios. Fundación del Partido de la Revolución, México, CEN/PRI, 1985.

Visión para México de Enrique Peña Nieto. Del programa del PRI a la agenda de reformas, México, Fundación Colosio, 2014.

Warman, Arturo, "La reforma agraria mexicana: una visión de largo plazo" [en línea], disponible en: <http://www.fao.org/docrep/006/j0415t/j0415t09.htm>.

Zedillo, Ernesto, *Propuestas y compromisos*, México, Noriega, 1994.

Páginas web de instituciones

Consejo Nacional para el Desarrollo y la Inclusión de las Personas con Discapacidad [en línea], disponible en: <https://www.gob.mx/conadis>.
Fundación UNAM [en línea], disponible en: <http://www.fundacionunam.org.mx/donde-paso/sabes-como-se-construyo-ciudad-universitaria/>.
Instituto de Seguridad y Servicios Sociales para los Trabajadores del Estado [en línea], disponible en: <http://www.issste.gob.mx/CEAM/antecedentes.html>.
Instituto Mexicano de la Juventud [en línea], disponible en: <https://www.gob.mx/imjuve>.
Instituto Mexicano del Seguro Social [en línea], disponible en: <http://www.imss.gob.mx/conoce-al-imss>.
Instituto Nacional de Ecología [en línea], disponible en: <http://www.inecol.edu.mx/inecol/index.php/es/ct-menu-item-1/historia>.
Instituto Nacional para el Desarrollo de Capacidades del Sector Rural [en línea], disponible en: <https://www.gob.mx/incarural/que-hacemos>.
Instituto Nacional de las Mujeres [en línea], disponible en: <http://www.inmujeres.gob.mx>.

Instituto Politécnico Nacional [en línea], disponible en: <http://www.ipn.mx/Acerca-del-IPN/Paginas/Historia.aspx>.

Partido Nacional Revolucionario. 20 de enero de 1929. Instituciones y Reforma Social. Documentos Básicos [en línea], disponible en: <http://www.pri.org.mx/bancosecretarias/files/Archivos/Pdf/277-1-10_30_14.pdf>.

Partido Revolucionario Institucional [en línea], disponible en: <http://pri.org.mx/SomosPRI/>.

Quinto Informe de Gobierno, Enrique Peña Nieto [en línea], disponible en: <https://www.gob.mx/lobuenocuenta/>.

Secretaría de Desarrollo Social [en línea], disponible en: <http://www.2006-2012.sedesol.gob.mx/es/SEDESOL/>.

Secretaría de Educación Pública [en línea], disponible en: <http://www.sep.gob.mx/wb/sep1/sep1_Historia_de_la_SEP#.WaiwlbLyjIV>.

Secretaría de Salud [en línea], disponible en: <http://www.salud.gob.mx/unidades/dgapbp/Antecedenteshistoricos.htm>.

Sobre el autor

Enrique Ochoa Reza nació el primero de septiembre de 1972 en Morelia, Michoacán. Es licenciado en economía por el Instituto Tecnológico Autónomo de México (ITAM) y licenciado en derecho por la Universidad Nacional Autónoma de México (UNAM). Cuenta con dos maestrías, una en ciencia política y otra en filosofía política, así como un doctorado en ciencia política por la Universidad de Columbia de Nueva York.

Desde los 19 años de edad se afilió al PRI del cual ha sido militante, cuadro distinguido, dirigente, consejero político nacional en dos ocasiones, delegado de la XIX y la XXII Asamblea Nacional y actualmente es presidente del Comité Ejecutivo Nacional.

Entre sus cargos públicos ha sido subsecretario de hidrocarburos en la Secretaría de Energía y director general de la Comisión Federal de Electricidad (CFE).

A la par de su trayectoria priista y como servidor público, el doctor Enrique Ochoa ha sido profesor de derecho constitucional en la UNAM desde 2005. Es autor de numerosas publicaciones en México y en el extranjero.

EL PRI Y SU IDENTIDAD POLÍTICA
La revolución hoy

terminó de imprimirse en 2017
en los talleres de Edamsa Impresiones, S.A. de C.V.,
Avenida Hidalgo 111, colonia Fraccionamiento
San Nicolás Tolentino, delegación Iztapalapa,
09850, Ciudad de México.